26

COLLECTION
COMPLETE
DES ŒUVRES
de Monsieur
DE VOLTAIRE,
NOUVELLE ÉDITION,

Augmentée de ses dernieres Pieces de Théâtre, & enrichie de 61 Figures en taille-douce.

TOME TROISIEME.

SECONDE PARTIE.

A AMSTERDAM,
Aux Dépens de la Compagnie.

M. DCC. LXIV.

ÉPITRE

DE L'AUTEUR,

En arrivant dans sa Terre près du Lac de Genève, en Mars 1755. (a)

Maison d'Aristippe, ô jardins d'Epicure,
Vous qui me presentez dans vos enclos divers
Ce qui souvent manque à mes vers,
Le mérite de l'art soumis à la nature !
Empire de Pomone & de Flore sa sœur
 Recevez votre possesseur ;
Qu'il soit ainsi que vous solitaire & tranquille.
Je ne me vante point d'avoir en cet azile
 Rencontré le parfait bonheur ;
Il n'est point retiré dans le fond d'un bocage ;
 Il est encor moins chez les Rois ;
 Il n'est pas même chez le sage :

(a) Quoique ce soit un de ses derniers ouvrages, on a cru qu'il devait servir de frontispice à ce recueil de vers.

Tome III. II. Partie.   A

De cette courte vie il n'est point le partage;
Il y faut renoncer ; mais on peut quelquefois
    Embrasser au moins son image.

Que tout plaît en ces lieux à mes sens étonnés !
D'un tranquille Océan (*a*) l'eau pure & transparente
Baigne les bords fleuris de ces champs fortunés ;
D'innombrables côteaux ces champs sont couronnés ;
Bacchus les embellit : leur insensible pente
Vous conduit par degrés à ces Monts sourcilleux (*b*)
Qui pressent les Enfers, & qui fendent les Cieux.
Le voilà ce théâtre & de neige & de gloire,
Eternel boulevard qui n'a point garanti
    Des Lombards le beau territoire.
Voilà ces monts affreux : célèbres dans l'histoire,
Ces monts qu'ont traversé par un vol si hardi,
Les Charles, les Othons, Catinat & Conti
    Sur les aîles de la Victoire.

Au bord de cette mer où s'égarent mes yeux,
Ripaille je te vois. O bizarre Amédée, (*c*)
    Est-il vrai que dans ces beaux lieux,
Des soins & des Grandeurs écartant toute idée,
Tu vécus en vrai sage, en vrai voluptueux,
Et que lassé bientôt de ton doux hermitage,
Tu voulus être Pape, & cessas d'être sage?

  (*a*) Le Lac de Genève.
  (*b*) Les Alpes.
  (*c*) Le premier Duc de Savoye *Amédée*, Pape ou Anti-Pape, sous le nom de *Félix*.

Dieux sacrés du repos, je n'en ferais pas tant,
Et malgré les deux clefs dont la vertu nous frappe,
   Si j'étais ainsi pénitent,
  Je ne voudrais point être Pape.

  Que le Chantre flatteur du tyran des Romains,
L'auteur harmonieux des douces Géorgiques,
Ne vante plus ces lacs & leurs bords magnifiques;
Ces lacs que la nature a creusés de ses mains
    Dans les Campagnes Italiques.
Mon lac est le premier. C'est sur ses bords heureux
Qu'habite des humains la Déesse éternelle,
L'ame des grands travaux, l'objet des nobles vœux;
Que tout mortel embrasse, ou desire, ou rappelle,
Qui vit dans tous les cœurs, & dont le nom sacré
Dans les cours des tyrans est tout bas adoré,
LA LIBERTÉ. J'ai vu cette Déesse altière,
Avec égalité répandant tous les biens,
Descendre de Morat en habit de guerrière,
Les mains teintes du sang des fiers Autrichiens,
    Et de Charles le téméraire.

  Devant elle on portoit ces piques & ces dards,
On traînait ces canons, ces échelles fatales
Qu'elle même brisa, quand ces mains triomphales
De Genève en danger défendaient les remparts.
Un peuple entier la suit: sa naïve allegresse
Fait à tout l'Apennin répéter ses clameurs;
Leurs fronts sont couronnés de ces fleurs que la Grèce

LE LAC DE GENEVE

Aux champs de Maraton prodiguait aux vainqueurs,
C'eſt là leur diadême ; ils en font plus de compte
Que d'un cercle à fleurons de Marquis & de Comte,
Et des larges Mortiers à grands bords abattus,
Et de ces mitres d'or aux deux ſommets pointus.
On ne voit point ici la grandeur inſultante
   Portant de l'épaule au côté
   Un ruban que la vanité
   A tiſſu de ſa main brillante;
   Ni la fortune inſolente
   Repouſſant avec fierté
   La prière humble & tremblante
   De la triſte pauvreté.
On n'y mépriſe point les travaux néceſſaires;
Les états ſont égaux, & les hommes ſont freres.
 Liberté, liberté, ton trône eſt en ces lieux.
La Grèce, où tu naquis, t'a pour jamais perdue
   Avec ſes ſages & ſes dieux.
Rome depuis Brutus ne t'a jamais revue.
Chez vingt peuples polis à peine es tu connue.
Le Sarmate à cheval t'embraſſe avec fureur;
Mais le bourgeois à pied rampant dans l'eſclavage,
Te regarde, ſoupire, & meurt dans la douleur.
L'Anglais pour te garder ſignala ſon courage;
Mais on prétend qu'à Londres on te vend quelquefois:
Non, je ne le crois point; ce peuple fier & ſage
Te paya de ſon ſang, & ſoutiendra tes droits.
Aux marais du Batave on dit que tu chancelles;
Tu peux te r'aſſurer : la race des Naſſaux,

LE LAC DE GENEVE.

Qui dreſſa ſept autels (*a*) à tes loix immortelles,
 Maintiendra de ſes mains fidèles
 Et tes honneurs & tes faiſceaux.
Veniſe te conſerve, & Genes t'a repriſe.
Tout à côté du trône à Stokholm on t'a miſe :
Un ſi beau voiſinage eſt ſouvent dangereux.
Préſide à tout état où la loi t'autoriſe,
 Et reſtes-y, ſi tu le peux.

Ne va plus ſous les noms & de *Ligue* & de *Fronde*,
Protectrice funeſte en nouveautés féconde,
Troubler les jours brillans d'un peuple de vainqueurs,
Gouverné par les loix, plus encor par les mœurs:
 Il chérit la grandeur ſuprême,
 Qu'a-t-il beſoin de tes faveurs
Quand ſon joug eſt ſi doux qu'on le prend pour toi même?
Dans le vaſte Orient ton fort n'eſt pas ſi beau.
Aux murs de Conſtantin tremblante, conſternée,
Sous les pieds d'un Viſir tu languis enchaînée,
 Entre le ſabre & le cordeau.
Chez tous les Lévantins tu perdis ton chapeau.
Que celui du grand TELL (*b*) orne en ces lieux ta tête.
Deſcens dans mes foyers en tes beaux jours de fête,
 Viens m'y faire un deſtin nouveau.
Embellis ma retraite où l'amitié t'appelle,

(*a*) L'union des ſept Provinces.
(*b*) L'auteur de la liberté Helvétique.

A iij

Sur de simples gazons viens t'asseoir avec elle,
Elle fuit comme toi les vanités des cours,
Les cabales du monde & son regne frivole.
O deux Divinités, vous êtes mon recours,
L'une élève mon ame & l'autre la console ;
   Présidez à mes derniers jours !

LA VIE
DE PARIS
ET
DE VERSAILLES.

EPITRE
A MADAME DE ***.

Vivons pour nous, ma chère *Rosalie*;
Que l'amitié, que le sang qui nous lie
Nous tienne lieu du reste des humains;
Ils sont si sots, si dangereux, si vains !
Ce tourbillon, qu'on appelle le monde,
Est si frivole, en tant d'erreurs abonde,
Qu'il n'est permis d'en aimer le fracas
Qu'à l'étourdi qui ne le connaît pas.

Après dîné, l'indolente *Glicére*
Sort, pour sortir, sans avoir rien à faire ;
On a conduit son insipidité

Au fond d'un char, où montant de côté,
Son corps preſſé gémit ſous les barrières
D'un lourd panier qui flotte aux deux portières;
Chez ſon amie au grand trot elle va,
Monte avec joie, & s'en repent déjà,
L'embraſſe & bâille, & puis lui dit; Madame,
J'apporte ici tout l'ennui de mon ame,
Joignez un peu votre inutilité
A ce fardeau de mon oiſiveté.
Si ce ne ſont ces paroles expreſſes,
C'en eſt le ſens; quelques feintes careſſes,
Quelques propos ſur le jeu, ſur le tems,
Sur un ſermon, ſur le prix des rubans,
Ont épuiſé leurs ames excédées;
Elles chantaient déjà faute d'idées;
Dans le néant leur cœur eſt abſorbé,
Quand dans la chambre entre monſieur l'Abbé,
Fade plaiſant, galant, excroc, & prêtre,
Et du logis pour quelques mois le maître;
Vient à la piſte un fat en manteau noir;
Qui ſe rengorge & ſe lorgne au miroir;
Nos deux pédans ſont tous deux ſûrs de plaire.
Un officier arrive & les fait taire;
Prend la parole, & conte longuement
Ce qu'à Plaiſance eut fait ſon régiment,
Si par malheur on n'eût pas fait retraite.
Il vous le méne au col de la Boquette,
A Nice, au Var, à Digne il le conduit;

Nul ne l'écoute, & le cruel pourſuit.
Arrive *Iſis*, dévote au maintien triſte,
A l'air fournois. Un petit janſéniſte,
Tout plein d'orgueil & de *Saint Auguſtin*,
Entre avec elle en lui ſerrant la main.
D'autres oiſeaux de différent plumage,
Divers de goût, d'inſtinct & de ramage,
En ſautillant font entendre à la fois
Le gazouillis de leurs confuſes voix ;
Et dans les cris de la folle cohue
La médiſance eſt à peine entendue.
Ce chamaillis de cent propos croiſés
Reſſemble aux vents l'un à l'autre oppoſés.
Un profond calme, un ſtupide ſilence,
Succede au bruit de leur impertinence :
Chacun redoute un honnête entretien ;
On veut penſer, & l'on ne penſe à rien.
O roi *David*, (*a*) ô reſſource aſſurée,
Vien ranimer leur langueur déſœuvrée.
Grand roi *David*, c'eſt toi dont les ſizains
Fixent l'eſprit & le goût des humains.
Sur un tapis, dès qu'on te voit paraître,
Noble, bourgeois, clerc, prélat, petit-maître,
Femmes ſur-tout ; chacun met ſon eſpoir
Dans tes cartons, peints de rouge & de noir ;
Leur ame vuide eſt du moins amuſée

(*a*) Tous les jeux de cartes ſont à l'enſeigne du roi
David.

Par l'avarice en plaisir déguisée.
De ces exploits le beau monde occupé,
Quitte à la fin le jeu pour le soupé ;
Chaque convive en liberté déploie
A son voisin son insipide joie.
L'homme machine, esprit qui tient du corps,
En bien mangeant remonte ses ressorts.
Avec le sang l'ame se renouvelle,
Et l'estomac gouverne la cervelle.
Ciel ! quel propos ! ce pédant du palais
Blâme la guerre & se plaint de la paix.
Ce vieux Crésus, en sablant du Champagne,
Gémit des maux que souffre la campagne,
Et cousu d'or, dans le luxe plongé,
Plaint le pays de tailles surchargé.
Monsieur l'abbé vous entame une histoire
Qu'il ne croit point, & qu'il veut faire croire,
On l'interrompt par un propos du jour,
Qu'un autre conte interrompt à son tour.
De froids bons mots, des équivoques fades,
Des quolibets & des turlupinades,
Un rire faux que l'on prend pour gayeté,
Font le brillant de la société.
C'est donc ainsi, troupe absurde & frivole,
Que nous usons de ce tems qui s'envole ;
C'est donc ainsi que nous perdons des jours,
Longs pour les sots, pour qui pense si courts.
Mais que ferai-je ? Où fuir loin de moi-même ?
Il faut du monde ; on le condamne, on l'aime :

On ne peut vivre avec lui ni sans lui ;
Notre ennemi le plus grand, c'est l'ennui.
Tel qui chez soi se plaint d'un sort tranquille
Vole à la cour, dégoûté de la ville.
Si dans Paris chacun parle au hazard,
Dans cette cour on se tait avec art,
Et de la joie, ou fausse ou passagère,
On n'a pas même une image legère.
Heureux qui peut de son maître approcher :
Il n'a plus rien désormais à chercher.
Mais *Jupiter* au fond de l'empirée
Cache aux humains sa presence adorée ;
Il n'est permis qu'à quelques demi-dieux
D'entrer le soir aux cabinets des cieux.
Faut-il aller, confondu dans la presse,
Prier les dieux de la seconde espèce,
Qui des mortels font le mal ou le bien ?
Comment aimer des gens qui n'aiment rien,
Et qui portés sur ces rapides sphères
Que la fortune agite en sens contraires,
L'esprit troublé de ce grand mouvement,
N'ont pas le tems d'avoir un sentiment ?
A leur lever, pressez-vous pour attendre,
Pour leur parler sans vous en faire entendre,
Pour obtenir, après trois ans d'oubli,
Dans l'antichambre un refus très-poli.

 Non, dites-vous, la cour, ni le beau monde,
Ne sont point faits pour celui qui les fronde.
Fui pour jamais ces puissans dangereux ;

Fui les plaisirs qui sont trompeurs comme eux.
Bon citoyen travaille pour la France,
Et du public attens ta récompense.
Qui ! le public ! ce fantôme inconstant,
Monstre à cent voix, *Cerbère* dévorant
Qui flatte & mord, qui dresse par sotise
Une statue, & par dégoût la brise,
Tyran jaloux de quiconque le sert ;
Il profana la cendre de *Colbert*,
Et prodiguant l'insolence & l'injure
Il a flétri la candeur la plus pure.
Il juge, il loue, il condamne au hazard
Toute vertu, tout mérite & tout art.
C'est lui qu'on vit de critiques avide,
Deshonorer le chef-d'œuvre d'*Armide*,
Et pour *Judith*, *Pirame* & *Régulus*,
Abandonner *Phédre* & *Britannicus* ;
Lui qui dix ans proscrivit *Athalie*,
Qui protecteur d'une scène avilie,
Frappant des mains, bat à tort, à travers,
Au mauvais sens qui heurte en mauvais vers.
Mais il revient, il répare sa honte ;
Le tems l'éclaire, oui. Mais la mort plus prompte
Ferme mes yeux dans ce siécle pervers,
En attendant que les siens soient ouverts.
Chez nos neveux on me rendra justice ;
Mais moi vivant il faut que je jouisse ;
Quand dans la tombe un pauvre homme est inclus,
Qu'importe un bruit, un nom qu'on n'entend plus?

L'ombre de *Pope* avec les rois repose ;
Un peuple entier fait son apothéose,
Et son nom vole à l'immortalité ;
Quand il vivait, il fut persécuté.
Ah! cachons-nous ; passons avec les sages
Le soir serein d'un jour mêlé d'orages,
Et dérobons à l'œil de l'envieux
Le peu de tems que me laissent les Dieux.
Tendre amitié, don du ciel, beauté pure,
Porte un jour doux dans ma retraite obscure ;
Puissai-je vivre & mourir dans tes bras,
Loin du méchant qui ne te connaît pas,
Loin du bigot dont la peur dangereuse
Corrompt la vie & rend la mort affreuse!

EPITRE
CONNUE SOUS LE NOM
DES VOUS ET DES TU.

PHilis qu'est devenu ce tems,
 Où dans un fiacre promenée,
Sans laquais, sans ajustemens,
De tes graces seules ornée,
Contente d'un mauvais soupé,
Que tu changeais en ambrosie,
Tu te livrais, dans ta folie,
A l'amant heureux & trompé,
Qui t'avait consacré sa vie ?
Le ciel ne te donnait alors,
Pour tout rang & pour tous trésors,
Que les agrémens de ton âge,
Un cœur tendre, un esprit volage,
Un sein d'albâtre & de beaux yeux.
Avec tant d'attraits précieux,
Hélas! qui n'eût été friponne !
Tu le fus, objet gracieux,
Et que l'amour me le pardonne,
Tu sais que je t'en aimais mieux.

 Ah, madame, que votre vie,
D'honneur aujourd'hui si remplie,

Diffère de ces doux inſtans !
Ce large Suiſſe à cheveux blancs,
Qui ment ſans ceſſe à votre porte,
Philis, eſt l'image du tems ;
Il ſemble qu'il chaſſe l'eſcorte,
Des tendres amours & des ris.
Sous vos magnifiques lambris
Ces enfans tremblent de paraître.
Hélas ! je les ai vu jadis
Entrer chez toi par la fenêtre,
Et ſe jouer dans ton taudis.

Non, madame, tous ces tapis
Qu'a tiſſus la *Savonerie*, (*a*)
Ceux que les Perſans ont ourdis ;
Et toute votre orfévrerie,
Et ces plats ſi chèrs que *Germain*, (*b*)
A gravés de ſa main divine ;
Et ces cabinets où *Martin* (*c*)
A ſurpaſſé l'art de la Chine ;
Vos vaſes Japonnois & blancs,
Toutes ces fragiles merveilles ;
Ces deux luſtres de diamans
Qui pendent à vos deux oreilles ;
Ces riches carcans, ces colliers,

(*a*) La Savonerie eſt une belle manufacture de tapis établie par le grand *Colbert*.
(*b*) *Germain*, excellent orfévre, dont il eſt parlé dans *le Mondain*.
(*c*) *Martin*, excellent verniſſeur.

Et cette pompe enchanteresse,
Ne valent pas un des baisers
Que tu donnais dans ta jeunesse.

LES IL FAUT.

IL faut penser, sans quoi l'homme devient,
Malgré son ame, un franc cheval de somme.
Il faut aimer, c'est ce qui nous soutient,
Car sans l'amour, il est triste d'être homme.

✤✤

Il faut avoir un ami, qu'en tout tems,
Pour son bonheur, on écoute, on consulte,
Qui sçache rendre à votre ame en tumulte,
Les maux moins vifs & les plaisirs plus grands.

✤✤

Il faut le soir un soupé délectable,
Où l'on soit libre, où l'on goûte à propos.
Les mets exquis, les bons vins, les bons mots;
Et sans être yvre, il faut sortir de table.

✤✤

Il faut la nuit dire tout ce qu'on sent
Au tendre objet que votre cœur adore,
Se réveiller pour en redire autant,
Se rendormir pour y songer encore.

✤✤

Mes chers amis, avouez que voilà
Ce qui serait une assez douce vie;
Or dès le jour que j'aimai ma Sylvie,
Sans plus chercher, j'ai trouvé tout cela.

RÉPONSE
A UNE DAME,
OU
SOI-DISANT TELLE. (a)

TU commences par me louer,
 Tu veux finir par me connaître.
Tu me loueras bien moins; mais il faut t'avouer
 Ce que je fuis, ce que je voudrais être.
J'aurai vû dans trois ans paffer quarante hyvers;
Apollon préfidait au jour qui m'a vu naître;
Au fortir du berceau j'ai bégayé des vers;
Bientôt ce Dieu puiffant m'ouvrit fon fanctuaire;
Mon cœur vaincu par lui, fe rangea fous fa loi;
D'autres ont fait des vers par le defir d'en faire;
 Je fus Poëte malgré moi.
Tous les goûts à la fois font entrés dans mon ame;
Tout art a mon hommage, & tout plaifir m'enflâme;
La peinture me charme; on me voit quelquefois,
Au palais de *Philippe*, ou dans celui des rois,

(a) En 1732, il y eut un homme de Bretagne, qui s'avifa d'écrire des lettres à plufieurs gens d'efprit de Paris, fous le nom d'une femme. Chacun y fut attrapé, & cette méprife attira cette réponfe.

REPONSE A UNE DAME.

Sous les efforts de l'art admirer la nature,
Du brillant (*b*) *Cagliari* faisir l'esprit divin,
Et dévorer des yeux la touche noble & sûre
   De *Raphaël* & du *Poussin*.
De ces appartemens qu'anime la peinture,
Sur les pas du plaisir je vole à l'Opéra.
   J'applaudis tout ce qui me touche,
   La fertilité de (*c*) *Campra*.
La gayeté de *Mouret*, les graces de *Destouché*,
Pelissier par son art, *le More* par sa voix, (*d*)
Tour-à-tour ont mes vœux, & suspendent mon choix.
Quelquefois embrassant la science hardie,
   Que la curiosité
   Honora par vanité
   Du nom de philosophie,
Je cours après *Newton* dans l'abyme des cieux,
Je veux voir, si des nuits la courière inégale,
Par le pouvoir changeant d'une force centrale,
En gravitant vers nous s'approche de nos yeux,
Et pèse d'autant plus qu'elle est près de ces lieux,
   Dans les limites d'un ovale.
J'en entens raisonner les plus profonds esprits,
Maupertuis & *Clairaut*, calculante cabale :
Je les vois qui des cieux franchissent l'intervale,
Et je vois trop souvent que j'ai très-peu compris.
De ces obscurités je passe à la morale,

(*b*) Paul *Veronese*.
(*c*) Musiciens agréables.
(*d*) Actrices de ce tems-là.

REPONSE A UNE DAME.

Je lis au cœur de l'homme, & souvent j'en rougis.
J'examine avec soin les informes écrits,
Les monumens épars, & le style énergique
De ce fameux *Pascal*; ce dévot satyrique.
Je vois ce rare esprit trop prompt à s'enflammer :
  Je combats ses rigueurs extrêmes :
Il enseigne aux humains à se haïr eux-mêmes ;
Je voudrais malgré lui leur apprendre à s'aimer.
Ainsi mes jours égaux, que les Muses remplissent,
Sans soins, sans passions, sans préjugé fâcheux,
Commencent avec joie & vivement finissent
  Par des soupers délicieux.
L'amour dans mes plaisirs ne mêle plus ses peines.
La tardive raison vient de briser mes chaînes.
J'ai quitté prudemment ce Dieu qui m'a quitté.
J'ai passé l'heureux tems fait pour la volupté.
Est-il donc vrai, grands dieux ! il ne faut plus que
  j'aime.
La foule des beaux arts, dont je veux tour-à-tour
  Remplir le vuide de moi-même,
N'est point encor assez pour remplacer l'amour.

ODE
SUR L'INGRATITUDE.

O Toi, mon support & ma gloire,
Que j'aime à nourrir ma mémoire
Des biens que ta vertu m'a faits!
Lorsqu'en tous lieux l'ingratitude
Se fait une pénible étude
De l'oubli honteux des bienfaits.

❖❖

Doux nœuds de la reconnaissance,
C'est par vous que dès mon enfance
Mon cœur à jamais fut lié;
La voix du sang, de la nature,
N'est rien qu'un languissant murmure,
Près de la voix de l'amitié.

❖❖

Eh quel est en effet mon pere?
Celui qui m'instruit, qui m'éclaire,
Dont le secours m'est assuré;
Et celui dont le cœur oublie
Les biens répandus sur sa vie,
C'est-là le fils dénaturé.

❖❖

Ingrats, monstres que la nature,

ODE SUR L'INGRATITUDE.

A paîtris d'une fange impure,
Qu'elle dédaigna d'animer,
Il manque à votre ame sauvage,
Des humains le plus beau partage,
Vous n'avez pas le don d'aimer.

Nous admirons le fier courage
Du lion fumant de carnage,
Symbole du DIEU des combats.
D'où vient que l'univers déteste
La couleuvre bien moins funeste ?
Elle est l'image des ingrats.

Quel monstre plus hideux s'avance ?
La nature fuit & s'offense
A l'aspect de ce vieux *Giton* ;
Il a la rage de *Zoïle*,
De *Gacon* (*a*) l'esprit & le style,
Et l'ame impure de *Chausson*.

C'est *Desfontaines* ; c'est ce prêtre,
Venu de Sodôme à Bissêtre,
De Bissêtre au sacré vallon ;
A-t-il l'espérance bizarre,

(*a*) *Gacon* était un misérable écrivain satyrique, universellement méprisé. *Chausson* fut brûlé publiquement pour le même crime pour lequel l'abbé *Desfontaines* fut mis à Bissêtre.

ODE SUR L'INGRATITUDE.

Que le bucher qu'on lui prépare
Soit fait des lauriers d'*Apollon* ?

※※

Il m'a dû l'honneur & la vie,
Et dans son ingrate furie,
De *Rufus* lâche imitateur,
Avec moins d'art, & plus d'audace,
De la fange où sa voix croace,
Il outrage son bienfaiteur.

※※

Qu'un Hibernois, (*a*) loin de la France,
Aille ensévelir dans Bizance
Sa honte à l'abri du Croissant ;
D'un œil tranquille & sans colére,
Je vois son crime & sa misére,
Il n'emporte que mon argent.

※※

Mais l'ingrat dévoré d'envie,
Trompette de la calomnie,
Qui cherche à flétrir mon honneur ;
Voilà le ravisseur coupable,

(*a*) Un abbé Irlandais, fils d'un chirurgien de Nantes, qui se disait de l'ancienne maison de M**, ayant subsisté long-tems des bienfaits de Mr. *de Voltaire*, & lui ayant en dernier lieu emprunté deux mille livres, s'associa en 1732 avec un Ecossais, nommé *Ramsai*, qui se disait aussi des bons *Ramsai*, & avec un Officier Français, nommé *Mornay* ; ils passerent tous trois à Constantinople & se firent circoncire chez le comte *de Bonneval*.

Voilà le larcin détestable,
Dont je dois punir la noirceur.

Pardon, si ma main vengeresse
Sur ce monstre un moment s'abaisse :
A lancer ces utiles traits,
Et si de la douce peinture,
De ta vertu brillante & pure,
Je passe à ces sombres portraits.

Mais lorsque *Virgile* & le *Tasse*,
Ont chanté dans leur noble audace
Les dieux de la terre & des mers,
Leur Muse que le Ciel inspire,
Ouvre le ténébreux empire,
Et peint les monstres des enfers.

POËME

SUR LE DÉSASTRE

DE LISBONNE.

Tome III. II. Partie   B

PRÉFACE
DE L'AUTEUR.

SI jamais la question du Mal Physique a mérité l'attention de tous les hommes, c'est dans ces événemens funestes qui nous rappellent à la contemplation de notre faible nature, comme les pestes générales qui ont enlevé le quart des hommes dans le monde connu, le tremblement de terre qui engloutît quatre cens mille personnes à la Chine en 1699, celui de Lima & de Callao, & en dernier lieux celui du Portugal & du royaume de Fez. L'axiome, *Tout est bien*, paraît un peu étrange à ceux qui sont les témoins de ces désastres. Tout est arrangé, tout est ordonné, sans doute, par la Providence; mais il n'est que trop sensible, que tout depuis long-tems n'en pas arrangé pour notre bien-être présent.

Lorsque l'illustre *Pope* donna son *Essai sur l'homme*, & qu'il développa dans ses vers immortels les systêmes de *Leibnitz*, du lord *Shaftersburi*, & du lord *Bollingbroke*, une foule de

Théologiens de toutes les Communions attaqua ce système. On se révoltait contre cet axiome nouveau que *Tout est bien*, *que l'homme jouit de la seule mesure du bonheur dont son être doit être susceptible*, &c... Il y a toujours un sens dans lequel on peut condamner un écrit, & un sens dans lequel on peut l'approuver. Il serait bien plus raisonnable de ne faire attention qu'aux beautés utiles d'un ouvrage, & de n'y point chercher un sens odieux. Mais c'est une des imperfections de notre nature, d'interprêter malignement tout ce qui peut être interprété, & de vouloir décrier tout ce qui a du succès.

On crut donc voir dans cette proposition, *Tout est bien*, le renversement du fondement des idées reçues. Si *tout est bien*, disait-on, il est donc faux que la nature humaine soit déchue. Si l'ordre général exige que tout soit comme il est, la nature humaine n'a donc pas été corrompue; elle n'a donc pas eu besoin de Rédempteur. Si ce monde, tel qu'il est, est le meilleur des mondes possibles, on ne peut donc pas espérer un avenir plus heureux. Si tous les maux dont nous sommes accablés sont un bien général, toutes les nations policées ont donc eu tort de rechercher l'origine du mal physique & du mal moral. Si un homme, mangé par les bêtes féroces, fait le bien-être de ces bêtes, & contribue à l'ordre du monde ; si les malheurs de tous les particuliers ne sont que la suite de cet ordre général & nécessaire ; nous ne sommes donc que des roues qui servent à faire jouer la grande machine ; nous ne sommes pas plus précieux aux yeux de DIEU que les animaux qui nous dévorent.

Voilà les conclusions qu'on tirait du Poëme de Mr. *Pope*; & ces conclusions mêmes augmentaient encore la célébrité & le succès de l'ouvrage. Mais on devait l'envisager sous un autre aspect. Il fallait considérer le respect pour la Divinité, la résignation qu'on doit à ses ordres suprêmes, la saine morale, la tolérance, qui font l'ame de cet excellent écrit. C'est ce que le public a fait ; & l'ouvrage ayant été traduit par des hommes dignes de le traduire, a triomphé d'autant plus des critiques, qu'elles roulaient sur des matieres plus délicates.

C'est le propre des censures violentes d'accréditer les opinions qu'elles attaquent. On crie contre un livre parce qu'il réussit, on lui impute des erreurs. Qu'arrive-t-il ? Les hommes révoltés contre ces cris, prennent pour des vérités les erreurs mêmes que ces critiques ont cru appercevoir. La censure éleve des fantômes pour les combattre, & les lecteurs indignés embrassent ces fantômes.

Les critiques ont dit; *Leibnitz, Pope, enseignent le Fatalisme*: & les partisans de *Leibnitz* & de *Pope* ont dit; *Si Leibnitz & Pope enseignent le Fatalisme, ils ont donc raison; & c'est à cette fatalité qu'il faut croire.*

Pope avait dit, *Tout est bien*, en un sens qui était très-recevable, & ils le disent aujourd'hui en un sens qui pourrait être combattu.

L'Auteur du Poëme sur le désastre de Lisbonne ne combat point l'illustre *Pope*, qu'il a toujours admiré & aimé; il pense comme lui sur presque tous les points; mais pénétré des malheurs des hommes, il s'éleve contre les abus qu'on peut faire du nouvel axiome, *Tout est bien*. Il adopte cette ancienne & triste vérité reconnue de tous les hommes, qu'*il y a du mal sur la Terre*; il avoue que le mot, *Tout est bien*, pris dans un sens absolu, & sans l'espérance d'un avenir, n'est qu'une insulte aux douleurs de notre vie.

Si lorsque Lisbonne, Méquinez, Tétuan, & tant d'autres villes furent englouties avec un si grand nombre de leurs habitans au mois de Novembre 1755. des philosophes avaient crié aux malheureux qui échapaient à peine des ruines ; *Tout est bien ; les héritiers des morts augmenteront leurs fortunes , les maçons gagneront de l'argent à rebâtir des maisons, les bêtes se nourriront des cadavres enterrés dans les débris, c'est l'effet nécessaire des causes nécessaires, votre mal particulier n'est rien, vous contribuez au bien général.* Un tel discours certainement eût été aussi cruel que le tremblement de terre a été funeste : & voilà ce que dit l'auteur du Poëme sur le désastre de Lisbonne.

Il avoue donc, avec toute la terre, qu'il y a du mal sur la terre, ainsi que du bien : il avoue qu'aucun Philosophe n'a pu jamais expliquer l'origine du mal moral, & du mal physique : il avoue que *Bayle*, le plus grand dialecticien qui ait jamais écrit, n'a fait qu'apprendre à douter & qu'il se combat lui-même : il avoue qu'il y a autant de faiblesses dans les lumieres de l'homme, que de miséres dans sa vie. Il expose tous les sistêmes en peu de mots. Il dit que la révélation peut seule dénouer ce grand nœud, que tous les Philosophes ont embrouillé ; il dit que

PRÉFACE DE L'AUTEUR.

l'espérance d'un développement de notre être dans un nouvel ordre de choses, peut seule consoler des malheurs presens, & que la bonté de la Providence est le seul asyle auquel l'homme puisse recourir dans les ténébres de sa raison, & dans les calamités de sa nature foible & mortelle.

P. S. Il est toujours malheureusement nécessaire d'avertir qu'il faut distinguer les objections que se fait un auteur, de ses réponses aux objections, & ne pas prendre ce qu'il réfute pour ce qu'il adopte.

LETTRE
A UN DE SES ÉLEVES. *

MON cher éleve, qui valez mieux que moi; le grand Tronchin † vous a donc tiré d'affaires. Il a fait revenir de plus loin une de mes niéces, qui est actuellement dans mon hermitage où je voudrois bien vous tenir. Mais les vieux oncles font bien plus difficiles à traiter. S'il ne m'a pas encore donné la santé, il m'a donné un grand plaisir en m'apportant votre jolie Epitre, & voici ma triste réponse:

Vous ne comptez pas trente hyvers,
Les graces font votre partage;
Elles ont dicté vos beaux vers,
Mais je ne sçais par quel travers
Vous vous proposez d'être sage.
C'est un mal qui prend à mon âge,
Quand le ressort des passions,
Quand de l'amour la main divine,
Quand les belles tentations

* M. Desmahis.
† Fameux Médecin.

Ne soutiennent plus la machine.
Trop tôt vous vous désespérez
Croyez-moi, la raison sévére
Qui trompe vos sens égarés,
N'est qu'une attaque passagère.
Vous êtes jeune & fait pour plaire,
Soyez sûr que vous guérirez.
Je vous en dirois davantage
Contre ce mal de la raison ;
Mais je médite un gros ouvrage
Pour le vainqueur de Port-Mahon.
Je veux peindre à ma nation,
Ce jour d'éternelle mémoire.
Je dirai, moi, qui sçais l'Histoire,
Qu'un géant nommé Gerion,
Fut pris autrefois par Alcide,
Dans la même Isle, au même lieu
Où notre brillant Richelieu
A vaincu l'Anglais intrépide,
A terrassé l'Anglais perfide.
Je dirai qu'ainsi que Paphos,
Minorque à Venus fut soumise ;
Vous voyez bien que mon héros
Avoit double droit à la prise.
Je suis Prophête quelquefois.
Malgré l'envie & la critique,
J'ai prédit ses heureux exploits ;
Et l'on prétend que je lui dois

Encore une Ode Pindarique,
Mais les Odes ont peu d'appas
Pour les Guerriers & pour moi-même,
Et je conçois qu'il ne faut pas
Ennuyer un héros qu'on aime.

Je conçois aussi qu'il ne faut pas ennuyer ses amis. Je finis au plus vîte, en vous assurant que je vous aime de tout mon cœur.

De Geneve.

POËME
SUR LE DÉSASTRE DE LISBONNE,

OU

EXAMEN DE CET AXIOME,

TOUT EST BIEN.

O Malheureux mortels! ô terre déplorable!
O de tous les fléaux assemblage effroyable!
D'inutiles douleurs éternel entretien!
Philosophes trompés, qui criez, *Tout est bien*,
Accourez: contemplez ces ruines affreuses,
Ces débris, ces lambeaux, ces cendres malheureuses,
Ces femmes, ces enfans, l'un sur l'autre entassés,
Sous ces marbres rompus ces membres dispersés
Cent mille infortunés que la terre dévore,
Qui sanglans, déchirés, & palpitans encore,
Enterrés sous leurs toits terminent sans secours
Dans l'horreur des tourmens leurs lamentables jours.
 Aux cris demi-formés de leurs voix expirantes,
Au spectacle effrayant de leurs cendres fumantes,
Direz-vous, c'est l'effet des éternelles loix,
Qui d'un DIEU libre & bon nécessitent le choix?
Direz-vous, en voyant cet amas de victimes,

Dieu s'est vengé, leur mort est le prix de leurs crimes :
Quel crime, quelle faute ont commis ces enfans,
Sur le sein maternel écrasés & sanglans ?
Lisbonne qui n'est plus, eut-elle moins de vices
Que Londre, que Paris, plongés dans les délices ?
Lisbonne est abymée, & l'on danse à Paris.
Tranquilles spectateurs, intrépides esprits,
De vos freres mourans contemplant les naufrages,
Vous recherchez en paix les causes des orages ;
Mais du sort ennemi quand vous sentez les coups,
Devenus plus humains vous pleurez comme nous.

Croyez-moi, quand la terre entr'ouvre ses abymes
Ma plainte est innocente, & mes cris légitimes.
Par-tout environnés des cruautés du sort,
Des fureurs des méchans, des pieges de la mort,
De tous les élémens éprouvant les atteintes,
Compagnons de nos maux, permettez-nous les plaintes.
C'est l'orgueil, dites-vous, l'orgueil séditieux,
Qui prétend qu'étant mal, nous pouvions être mieux.
Allez interroger les rivages du Tage,
Fouillez dans les débris de ce sanglant ravage,
Demandez aux mourans, dans ce séjour d'effroi,
Si c'est l'orgueil qui crie, *O ciel, secourez-moi,*
O ciel, ayez pitié de l'humaine misére.

Tout est bien, dites-vous, & tout est *nécessaire*.
Quoi ? l'univers entier, sans ce gouffre infernal,
Sans engloutir Lisbonne, eût-il été plus mal ?

Etes-vous assurés que la Cause Eternelle,
Qui fait tout, qui sait tout, qui créa tout pour elle,
Ne pouvait nous jetter dans ces tristes climats,
Sans former des volcans allumés sous nos pas ?
Borneriez-vous ainsi la Suprême Puissance ?
Lui défendriez-vous d'exercer sa clémence ?
L'éternel Artisan n'a-t-il pas dans ses mains
Des moyens infinis tout prêts pour ses desseins ?
Je desire humblement, sans offenser mon maître,
Que ce gouffre enflammé de soufre & de salpêtre,
Eût allumé ses feux dans le fond des déserts.
Je respecte mon DIEU, mais j'aime l'univers.
Quand l'homme ose gémir d'un fléau si terrible,
Il n'est point orgueilleux, hélas ! il est sensible.

 Les tristes habitans de ces bords défolés,
Dans l'horreur des tourmens seraient-ils consolés,
Si quelqu'un leur disait ; *Tombez, mourez tranquilles,*
Pour le bonheur du monde on détruit vos asiles ;
D'autres mains vont bâtir vos palais embrasés ;
D'autres peuples naîtront dans vos murs écrasés ;
Le Nord va s'enrichir de vos pertes fatales,
Tous vos maux sont un bien dans les loix générales ;
DIEU vous voit du même œil que les vils vermisseaux,
Dont vous serez la proie au fond de vos tombeaux ?
A des infortunés quel horrible langage !
Cruels ! à mes douleurs n'ajoutez point l'outrage.

 Non, ne presentez plus à mon cœur agité
es immuables loix de la nécessité,

Cette chaîne des corps, des esprits & des mondes.
O rêves de savans ! ô chimères profondes !
DIEU tient en main la chaîne, & n'est point enchaîné; (*a*)
Par son choix bienfaisant tout est déterminé;
Il est libre, il est juste, il n'est point implacable.
Pourquoi donc souffrons-nous sous un maître équitable? (*b*).
Voilà le nœud fatal qu'il fallait délier.
Guérirez-vous nos maux en osant les nier ?
Tous les peuples tremblans sous une main divine,
Du mal que vous niez ont cherché l'origine.
Si l'éternelle Loi qui meut les élémens,
Fait tomber les rochers sous les efforts des vents;
Si les chênes touffus par la foudre s'embrasent;
Ils ne ressentent point les coups qui les écrasent.
Mais je vis, mais je sens, mais mon cœur opprimé
Demande des secours au DIEU qui l'a formé.
Enfans du Tout-puissant, mais nés dans la misére,
Nous étendons les mains vers nôtre commun pere.
Le vase, on le sait bien, ne dit point au potier,
Pourquoi suis-je si vil, si faible, si grossier ?
Il n'a point la parole, il n'a point la pensée;
Cette urne en se formant, qui tombe fracassée,
De la main du potier ne reçut point un cœur,
Qui desirât les biens, & sentît son malheur.

(*a*) Voyez les notes à la fin du Poëme.
(*b*) *Sub Deo justo nemo miser nisi mereatur.* S. AUGUSTIN.

Ce malheur, dites-vous, est le bien d'un autre être,
De mon corps tout sanglant mille insectes vont naître.
Quand la mort met le comble aux maux que j'ai soufferts,
Le beau soulagement d'être mangé des vers !
Tristes calculateurs des miséres humaines ;
Ne me consolez point ; vous aigrissez mes peines ;
Et je ne vois en vous que l'effort impuissant
D'un fier infortuné qui feint d'être content.

 Je ne suis du grand *Tout* qu'une faible partie ;
Oui ; mais les animaux condamnés à la vie,
Tous les êtres sentans nés sous la même loi,
Vivent dans la douleur, & meurent comme moi.
 Le vautour acharné sur sa timide proie,
De ses membres sanglans se repaît avec joie ;
Tout semble *bien* pour lui, mais bientôt à son tour
Une aigle au bec tranchant dévore le vautour.
L'homme d'un plomb mortel atteint cette aigle altière,
Et l'homme aux champs de Mars couché sur la poussière,
Sanglant, percé de coups, sur un tas de mourans,
Sert d'aliment affreux aux oiseaux dévorans.
Ainsi du monde entier tous les membres gémissent :
Nés tous pour les tourmens, l'un par l'autre ils périssent :
Et vous composerez, dans ce cahos fatal,

Des malheurs de chaque être un bonheur général ?
Quel bonheur ? ô mortel, & faible, & misérable !
Vous criez, *Tout est bien*, d'une voix lamentable.
L'univers vous dément, & votre propre cœur
Cent fois de votre esprit a refuté l'erreur.

Elémens, animaux, humains, tout est en guerre.
Il le faut avouer, le *mal* est sur la terre :
Son principe secret ne nous est point connu.
De l'auteur de tout bien le mal est il venu ?
Est-ce le noir *Tiphon* (*a*) le barbare *Arimane* (*b*)
Dont la loi tyrannique à souffrir nous condamne ?
Mon esprit n'admet point ces monstres odieux,
Dont le monde en tremblant fit autrefois des Dieux.
Mais comment concevoir, un DIEU, la bonté même,
Qui prodigua ses biens à ses enfans qu'il aime,
Et qui versa sur eux les maux à pleines mains ?
Quel œil peut pénétrer dans ses profonds desseins ?
De l'Etre Tout-parfait le mal ne pouvait naître ;
Il ne vient point d'autrui, (*c*) puisque DIEU seul est maître.
Il existe pourtant, ô tristes vérités !
O mélange étonnant de contrariétés !
Un DIEU vint consoler notre race affligée ;
Il visita la terre, & ne l'a point changée (*d*) ;

(*a*) Principe du mal chez les Egyptiens.
(*b*) Principe du mal chez les Perses.
(*c*) C'est-à-dire, d'un autre principe.
(*d*) Un Philosophe Anglais a prétendu que le monde physique avait dû être changé au premier avénement, comme le monde moral.

Un Sophiste arrogant nous dit qu'il ne l'a pû;
Il le pouvait dit l'autre, il ne l'a point voulu:
Il le voudra sans doute. Et tandis qu'on raisonne,
Des foudres souterrains engloutissent Lisbonne,
Et de trente cités dispersent les débris,
Des bords sanglans du Tage, à la mer de Cadis.

Ou l'homme est né coupable, & DIEU punit sa race
Ou ce maître absolu de l'être & l'espace,
Sans courroux, sans pitié, tranquille, indifférent,
De ses premiers décrets suit l'éternel torrent;
Ou la matiere informe à son maître rebelle,
Porte en soi des défauts *nécessaires* comme elle;
Ou bien DIEU nous éprouve; & ce séjour mortel (*a*)
N'est qu'un passage étroit vers un monde éternel.
Nous essuyons ici des douleurs passagères.
Le trépas est un bien qui finit nos miséres.
Mais quand nous sortirons de ce passage affreux,
Qui de nous prétendra mériter d'être heureux?

Quelque parti qu'on prenne, on doit frémir sans doute:
Il n'est rien qu'on connaisse, & rien qu'on ne redoute.
La nature est muette, on l'interroge en vain.
On a besoin d'un DIEU, qui parle au genre humain.
Il n'apartient qu'à lui d'expliquer son ouvrage,

(*a*) Voilà avec l'opinion des deux principes toutes les solutions qui se présentent à l'esprit humain dans cette grande difficulté; & la révélation seule peut enseigner ce que l'esprit humain ne saurait comprendre.

De confoler la faible, & d'éclairer le fage.
L'homme au doute, à l'erreur, abandonné fans lui,
Cherche en vain des rofeaux qui lui fervent d'appui.
Leibnitz ne m'apprend point par quels nœuds invifibles,
Dans le mieux ordonné des univers poffibles,
Un défordre éternel, un cahos de malheurs,
Mêle à nos vains plaifirs de réelles douleurs;
Ni pourquoi l'innocent, ainfi que le coupable
Subit également ce mal inévitable;
Je ne conçois pas plus comment tout ferait *bien*;
Je fuis comme un docteur, hélas! je ne fais rien.

Platon dit qu'autrefois l'homme avait eu des aîles,
Un corps impénétrable aux atteintes mortelles?
La douleur, le trépas, n'approchaient point de lui.
De cet état brillant, qu'il diffère aujourd'hui!
Il rampe, il fouffre, il meurt; tout ce qui naît, expire;
De la deftruction la nature eft l'empire.
Un faible compofé de nerfs & d'offemens
Ne peut être infenfible au choc des élémens;
Ce mélange de fang, de liqueurs & de poudre,
Puifqu'il fut affemblé, fut fait pour fe diffoudre.
Et le fentiment prompt de ces nerfs délicats
Fut foumis aux douleurs, miniftres du trépas.
C'eft-là ce que m'apprend la voix de la nature.
J'abandonne *Platon*, je rejette *Epicure*.
Bayle en fait plus qu'eux tous: je vais le confulter:

La balance à la main, *Bayle* enseigne à douter. (*a*)
Assez sage, assez grand pour être sans systême,
Il les a tous détruis & se combat lui-même :
Semblable à cet aveugle en butte aux Philistins,
Qui tomba sous les murs abattus par ses mains.

Que peut donc de l'esprit la plus vaste étendue !
Rien : le livre du sort se ferme à notre vue.
L'homme étranger à soi, de l'homme est ignoré.
Que suis-je ? où suis-je ? où vais-je ? & d'où suis-je tiré ? (*b*)
Atomes tourmentés sur cet amas de boue,
Que la mort engloutit, & dont le sort se joue,
Mais atomes pensans, atomes dont les yeux
Guidés par la pensée ont mesuré les cieux ;
Au sein de l'infini nous élançons notre être,
Sans pouvoir un moment nous voir & nous connaître.

Ce monde, ce théatre & d'orgueil & d'erreur,
Est plein d'infortunés qui parlent de bonheur.
Tout se plaint, tout gémit en voyant le bien-être ;
Nul ne voudrait mourir ; nul ne voudrait renaître.
Quelquefois dans nos jours consacrés aux douleurs,
Par la main du plaisir nous essuyons nos pleurs.
Mais le plaisir s'envole & passe comme une ombre.
Nos chagrins, nos regrets, nos pertes sont sans nombre.
Le passé n'est pour nous qu'un triste souvenir ;

(*a*) Voyez les notes à la fin du Poëme.
(*b*) Voyez les notes à la fin du Poëme.

Le préfent eft affreux, s'il n'eft point d'avenir,
Si la nuit du tombeau détruit l'être qui penfe.
 Un jour tout fera bien, voilà notre efpérance;
Tout eft bien aujourd'hui, voilà l'illufion.
Les fages me trompaient, & DIEU feul a raifon.
Humble dans mes foupirs, foumis dans ma fouffrance
Je ne m'éleve point contre la Providence.
Sur un ton moins lugubre on me vit autrefois,
Chanter des doux plaifirs les féduifantes loix.
D'autres tems, d'autres mœurs: inftruit par la vieil-
  leffe,
Des humains égarés partageant la faibleffe,
Dans une épaiffe nuit cherchant à m'éclairer,
Je ne fai que fouffrir, & non pas murmurer.
 Un Calife autrefois à fon heure dernière
Au DIEU qu'il adorait dit pour toute prière:
Je t'apporte, ô feul Roi, feul être illimité,
Tout ce que tu n'as point dans ton immenfité;
Les défauts, les regrets, les maux & l'ignorance.
Mais il pouvait encor ajouter L'ESPERANCE. (*a*)

 (*a*) Voyez les notes à la fin du Poëme.

NOTES

(*a*) Dieu *tient en main la chaîne, & n'est point enchaîné.*

(*a*) La chaîne universelle n'est pas, comme on l'a dit, une gradation suivie qui lie tous les êtres. Il y a probablement une distance immense entre l'homme & la brute, entre l'homme & les substances supérieures ; il y a l'infini entre Dieu & toutes les substances. Les globes qui roulent autour de notre soleil n'ont rien de ces gradations insensibles, ni dans leur grosseur, ni dans leurs distances, ni dans leurs satellites.

Pope dit que l'homme ne peut savoir pourquoi les lunes de *Jupiter* sont moins grandes que *Jupiter* ; il se trompe en cela ; c'est une erreur pardonnable qui a pû échapper à son beau génie. Il n'y a point de mathématicien qui n'eut fait voir au lord *Bollinbroke*, & à Mr. *Pope*, que si *Jupiter* était plus petit que ses satellites, ils ne pouraient pas tourner autour de lui ; mais il n'y a point de mathématicien qui pût découvrir une gradation suivie dans les corps du systême solaire.

Il n'est pas vrai que si on ôtait un atome du monde, le monde ne pourrait subsister ; & c'est ce que Mr. *de Crouzas*, savant Géomètre, remarqua très-bien dans son livre contre Mr. *Pope*. Il paraît qu'il avait raison en ce point, quoique sur d'autres il ait été invinciblement réfuté par Mrs. *Warburton* & *Silhouëtte*.

Cette chaîne des événemens a été admise & très-ingénieusement défendue par le grand Philosophe *Leibnitz* ; elle mérite d'être éclaircie. Tous les corps, tous les événemens dépendent d'autres corps & d'autres événemens. Cela est vrai : mais tous les corps ne sont pas nécessaires à l'ordre & à la conservation de l'univers ; & tous les événemens ne sont pas essentiels à la série des événemens. Une goute d'eau, un grain de sable de plus ou de moins, ne peuvent rien changer à la constitution générale. La nature n'est asservie ni à aucune quantité précise ni à aucune forme précise. Nulle planette ne se meut dans une Courbe absolument réguliere ; nul être connu n'est d'une figure précisément mathématique : nulle quantité précise n'est requise pour nulle opération : la nature n'agit jamais rigoureusement. Ainsi on n'a aucune raison d'assurer qu'un atome de moins sur la terre, serait la cause de la destruction de la terre.

Il en est de même des événemens. Chacun d'eux a sa cause dans l'événement qui précéde ; c'est une chose dont aucun Philosophe n'a jamais douté. Si on n'avait pas fait l'opération Céfarienne à la mere de *César*, *César* n'aurait pas détruit la République ; il n'eut pas adopté *Octave*, & *Octave* n'eut pas laissé l'empire à *Tibère*. *Maximilien* épouse l'héritiere de la Bourgogne & des Pays-bas, & ce mariage devient la source de deux cens ans de guerre. Mais que *César* ait craché à droite ou à gauche, que l'héritière de Bourgogne ait arrangé sa coëffure d'une maniere ou d'une autre, cela n'a certainement rien changé au système général.

Il y a donc des événemens qui ont des effets, & d'autres qui n'en ont pas. Il en est de leur chaîne comme d'un arbre généalogique ; on y voit des branches qui s'éteignent à la première génération, & d'autres qui continuent la race. Plusieurs événemens restent sans filiation. C'est ainsi que dans toute machine il y a des effets nécessaires au mouvement, & d'autres effets indifférens, qui sont la suite des premiers, & qui ne produisent rien. Les roues d'un carosse servent à le faire marcher ; mais qu'elles fassent voler un peu plus ou un peu moins de poussière, le voyage se fait également. Tel est donc l'ordre général du monde, que les chaînons de la chaîne ne seraient point dérangés par un peu plus ou un peu moins de matiere, par un peu plus ou un peu moins d'irrégularité.

La chaîne n'est pas dans un plein absolu ; il est démontré que les corps célestes font leurs révolutions dans l'espace non résistant. Tout l'espace n'est pas rempli. Il n'y a donc pas une suite de corps depuis un atome jusqu'à la plus reculée des étoiles. Il peut donc y avoir des intervalles immenses entre les êtres sensibles, comme entre les insensibles. On ne peut donc assurer que l'homme soit nécessairement placé dans un des chaînons attachés l'un à l'autre par une suite non interrompue. *Tout est enchaîné*, ne veut dire autre chose, sinon, que tout est arrangé. DIEU est la cause & le maître de cet arrangement. Le *Jupiter* d'*Homére* était l'esclave des destins ; mais dans une philosophie plus épurée, DIEU est le maître des Destins. *Voyez* Clarke, *Traité de l'existence de* DIEU.

(*b*) *La balance à la main*, Bayle *enseigne à douter*.

(*b*) Une centaine de remarques répandues dans le dictionnaire de *Bayle* lui ont fait une réputation immortelle. Il a laissé la dispute sur *l'origine du mal* indécise. Chez lui toutes les opinions sont exposées ; toutes les raisons qui les soutiennent, toutes les raisons qui les ébranlent, sont également approfondies ; c'est l'avocat général des Philosophes, mais il ne donne point ses conclusions. Il est comme *Ciceron*, qui souvent dans ses ouvrages philosophiques soutient son caractere d'Académicien indécis, ainsi que l'a remarqué le savant & judicieux abbé d'*Olivet*.

Jamais d'ailleurs le Philosophe *Bayle* n'a nié ni la providence ni l'immortalité de l'ame. On traduit *Ciceron*, on le commente, on le fait servir à l'éducation des Princes. Mais que trouve-t-on presque à chaque page dans *Ciceron* parmi plusieurs choses admirables ? On y trouve que *s'il est une Providence*, *elle est blâmable d'avoir donné aux hommes une intelligence dont elle savait qu'ils devaient abuser*. Sic vestra ista Providentia reprehendenda quæ rationem dederit eis quos scierit ea perversè usuros. [*Libro tertio de naturâ Deorum.*]

Jamais personne n'a cru que la vertu vînt des Dieux, *& on a eu raison*. Virtutem nunquam Deo acceptam nemo retulit, nimirùm rectè. *Idem*.

Qu'un criminel meure impuni, *vous dites que les Dieux le frappent dans sa postérité. Une ville souffrirait-elle un législa-*

NOTES. 49

teur qui condamnerait les petits-enfans pour les crimes de leur grand-pere ? Ferret-ne ulla civitas latorem legis ut condemnaretur nepos si avus deliquisset ?

Et ce qu'il y a de plus étrange, c'est que *Ciceron* finit son livre de la *Nature des Dieux*, sans réfuter de telles assertions. Il soutient en cent endroits la mortalité de l'ame dans ses Tusculanes, après avoir soutenu son immortalité.

Il y a bien plus. C'est à tout le Sénat de Rome qu'il dit dans son plaidoyer pour *Cluentius* : *Quel mal lui a fait la mort ? Nous rejettons toutes les fables ineptes des enfers. Qu'est-ce donc que la mort lui a ôté, sinon le sentiment des douleurs ?* Quid illi mors attulit mali, nisi fortè ineptiis ac fabulis ducimur ut existimemus illum apud inferos supplicia perferre : quæ si falsa sunt quod omnes intelligunt, quid ei mors eripuit præter sensum doloris.

Enfin dans ses lettres où le cœur parle, ne dit-il pas, *Cum non ero, sensu omni carebo* : Quand je ne serai plus, tout sentiment périra avec moi. Cependant on met *Ciceron* entre les mains de la jeunesse.

(c) *Que suis-je ? où suis-je ? où vais-je ? & d'où suis-je tiré ?*

(c) Il est clair que l'homme ne peut par lui-même être instruit de tout cela. L'esprit humain n'acquiert aucune notion que par l'expérience ; nulle expérience ne peut nous apprendre ni ce qui était avant notre existence, ni ce qui est après ; ni ce qui anime notre existence presente. Comment avons-nous reçu la vie ? quel ressort la soutient ? comment notre cerveau a-t-il des idées & de la mémoire ? comment nos membres obéissent-ils incontinent à notre volonté ? &c. nous n'en savons rien. Ce globe est-il seul habité ? A-t-il été fait après d'autres globes ; ou dans le même instant ? Chaque genre de plantes vient-il ou non d'une premiere plante ? Chaque genre d'animaux est-il produit ou non par deux premiers animaux ? Les plus grands Philosophes n'en savent pas plus sur ces matieres que les plus ignorans des hommes. Il en faut re-

Tome III. II. Partie. C

venir à ce proverbe populaire : *La poule a-t-elle été avant l'œuf, ou l'œuf avant la poule ?* Le proverbe est bas ; mais il confond la plus haute sagesse, qui ne sait rien sur les premiers principes des choses sans un secours surnaturel.

(d) *Mais il pouvait encor ajouter l'Espérance.*

(d) La plupart des hommes ont eu cette espérance, avant même qu'ils eussent le secours de la révélation. L'espoir d'être après la mort, est fondé sur l'amour de l'être pendant la vie ; il est fondé sur la probabilité que ce qui pense pensera. On n'en a point de démonstration ; parce qu'une chose démontrée est une chose dont le contraire est une contradiction, & parce qu'il n'y a jamais eu de disputes sur les vérités démontrées. *Lucréce*, pour détruire cette espérance, apporte dans son troisiéme livre des argumens dont la force afflige ; mais il n'oppose que des vraisemblances à des vraisemblances plus fortes. Plusieurs Romains pensaient comme *Lucréce* ; & on chantait sur le théâtre de Rome ; *post mortem nihil est*, il n'est rien après la mort. Mais l'instinct, la raison, le besoin d'être consolé, le bien de la société prévalurent ; & les hommes ont toujours eu l'espérance d'une vie à venir : espérance, à la vérité, souvent accompagnée de doute. La révélation détruit le doute, & met la certitude à la place.

LA LOI NATURELLE;

POEME

EN QUATRE PARTIES.

PRÉFACE
SUR LE POEME
DE LA LOI NATURELLE.

ON fait affez que ce poëme n'avait point été fait pour être public : c'était depuis trois ans un fecret entre un grand Roi & l'auteur. Il n'y a que trois mois qu'il s'en répandit quelques copies dans Paris, & bientôt après il fut imprimé plufieurs fois avec beaucoup de fautes.

Il ferait jufte d'avoir plus d'indulgence pour un écrit fecret tiré de l'obfcurité où fon auteur l'avait condamné, que pour un ouvrage qu'un écrivain expofe lui-même au grand jour. Il ferait encore jufte de ne pas juger le poëme d'un laïque comme on jugerait une thèfe de théologie. Ces deux poëmes font les fruits d'un arbre tranfplanté. Quelques-uns de ces fruits peuvent n'être pas du goût de quelques perfonnes : ils font d'un climat étranger ; mais il n'y en a aucun d'empoifonné, & plufieurs peuvent être falutaires.

Il faut regarder cet ouvrage comme une lettre où l'on expofe en liberté fes fentimens. La plûpart des livres reffemblent à ces converfations générales & gênées dans lefquelles on dit rarement ce qu'on penfe. L'auteur a dit ici ce qu'il

PRÉFACE

a pensé à un Prince philosophe auprès duquel il avait alors l'honneur de vivre. Il a appris que des esprits éclairés n'ont pas été mécontens de cette ébauche : ils ont jugé que le Poëme sur la Loi Naturelle est une préparation à des vérités plus sublimes. Cela seul aurait déterminé l'auteur à rendre l'ouvrage plus complet & plus correct, si ses infirmités l'avaient permis. Il a été obligé de se borner à corriger les fautes dont fourmillent les éditions qu'on en a faites.

Les louanges données dans cet écrit à un Prince qui ne cherchoit pas ces louanges, ne doivent surprendre personne : elles n'avaient rien de la flatterie, elles partaient du cœur ; ce n'est pas là de cet encens que l'intérêt prodigue à la puissance. L'homme de lettres pouvoit ne pas mériter les éloges & les bontés dont le Monarque le comblait, mais le Monarque méritait la vérité que l'homme de lettres lui disoit dans cet ouvrage. Les changemens survenus depuis dans un commerce si honorable pour la littérature n'ont point altéré les sentimens qu'il avait fait naître.

Enfin puisqu'on a arraché au secret & à l'obscurité un écrit destiné à ne point paraître, il subsistéra chez quelques sages comme un monument philosophique qui ne devait point finir ; & on ajoute que si la faiblesse humaine se fait sentir par-tout, la vraie philosophie dompte toujours cette faiblesse.

Au reste, ce faible essai fut composé à l'occasion d'une petite brochure qui parut en ce tems-là. Elle était intitulée *du Souverain bien*; & elle devait l'être *du Souverain mal*. On y prétandait qu'il n'y a ni vertu, ni vice, & que les remords font une faibleſſe d'éducation qu'il faut étouffer. L'auteur du Poëme prétend que les remords nous font auſſi naturels que les autres affections de notre ame. Si la fougue d'une paſſion fait commettre une faute, la nature rendue à elle-même ſent cette faute. La fille ſauvage trouvée près de Châlons avoua que dans la colére elle avait donné à ſa compagne un coup dont cette infortunée mourut entre ſes bras. Dès qu'elle vit ſon ſang couler, elle ſe repentit, elle pleura, elle étancha ce ſang, elle mit des herbes ſur la bleſſure. Ceux qui diſent que ce retour d'humanité n'eſt qu'une branche de notre amour propre, font bien de l'honneur à l'amour propre. Qu'on appelle la raiſon & les remords comme on voudra, ils exiſtent, & ils font les fondemens de la Loi Naturelle.

LA LOI NATURELLE,

POEME
EN QUATRE PARTIES.

EXORDE.

O Vous ! dont les exploits, le regne & les ouvra-
ges
Deviendront la leçon des héros & des fages,
Qui voyez d'un même œil les caprices du fort,
Le trône & la cabane, & la vie & la mort ;
Philofophe intrépide, affermiffez mon ame,
Couvrez-moi des rayons de cette pure flâme,
Qu'allume la raifon, qu'éteint le préjugé.
Dans cette nuit d'erreur, où le monde eft plongé
Apportons, s'il fe peut, une faible lumiere,
Nos premiers entretiens, notre étude premiere,
Etaient, je m'en fouviens, *Horace* avec *Boileau*.
Vous y cherchiez le *vrai*, vous y goûtiez le *beau* ;
Quelques traits échapés d'une utile morale
Dans leurs piquans écrits brillent par intervale ;
Mais *Pope* approfondit ce qu'ils ont effleuré,
D'un efprit plus hardi, d'un pas plus affuré,
Il porta le flambeau dans l'abyme de l'être,
Et l'homme avec lui feul apprit à fe connaître.
L'art, quelquefois frivole, & quelquefois divin,
L'art des vers eft dans *Pope* utile au genre-humain.
Que m'importe en effet que le flatteur d'*Octave*,
Parafite difcret, non moins qu'adroit efclave,

Du lit de sa *Glicère* ou de *Ligurinus*,
En prose mesurée insulte à *Crispinus* ;
Que *Boileau* répandant plus de sel que de grace,
Veuille outrager *Quinaut*, pense avilir le *Tasse* :
Qu'il peigne de Paris les tristes embarras,
Ou décrive en beaux vers un fort mauvais repas,
Il faut d'autres objets à votre intelligence.
  De l'esprit qui vous meut vous recherchez l'essence,
Son principe, sa fin, & sur-tout son devoir.
Voyons sur ce grand point ce qu'on a pu savoir,
Ce que l'erreur fait croire aux docteurs du vulgaire,
Et ce que vous inspire un DIEU qui vous éclaire.
Dans le fond de nos cœurs il faut chercher ses traits;
Si DIEU n'est pas dans nous, il n'exista jamais.
Ne pouvons-nous trouver l'auteur de notre vie
Qu'au labyrinthe obscur de la théologie ?
Origène & *Jean Scot* sont chez vous sans crédit.
La nature en sait plus qu'ils n'en ont jamais dit.
Ecartons ces romans qu'on appelle systêmes,
Et pour nous élever descendons dans nous-mêmes.

PREMIERE PARTIE.

DIEU *a donné aux hommes les idées de la justice & la conscience pour les avertir, comme il leur a donné tout ce qui leur est nécessaire. C'est-là cette Loi Naturelle sur laquelle la Religion est fondée. C'est ce seul principe qu'on développe ici. L'on ne parle que de la Loi Naturelle, & non de la Religion & de ses augustes Mysteres.*

(a) Soit qu'un Etre inconnu, par lui seul existant
Ait tiré depuis peu l'univers du néant,
Soit qu'il ait arrangé la matiere éternelle,
Qu'elle nage en son sein, ou qu'il regne loin d'elle;
Que l'ame, ce flambeau souvent si ténébreux,
Ou soit un de nos sens, ou subsiste sans eux :
Vous êtes sous la main de ce maître invisible.
Mais du haut de son trône obscur, inaccessible,
Quel hommage, quel culte exige-t-il de vous ?
De sa grandeur suprême indignement jaloux,
Des louanges, des vœux flattent-ils sa puissance ?
Est-ce le peuple altier, conquérant de Bisance,
Le tranquille Chinois, le Tartare indompté,
Qui connaît son essence, & suit sa volonté,
Différens dans leurs mœurs, ainsi qu'en leur hommage,
Ils lui font tenir tous un différent langage.
Tous se sont donc trompés. Mais détournons les yeux
De ce impur amas d'imposteurs odieux : *

(a) Voyez les notes à la fin du Poëme.

* Il faut distinguer *Confutzée* qui s'en est tenu à la Religion Naturelle, & qui a fait tout ce qu'on peut faire sans révélation.

Et sans vouloir sonder, d'un regard téméraire,
De la loi des Chrétiens l'ineffable myſtere,
Sans expliquer en vain ce qui fut révélé,
Cherchons par la raiſon ſi DIEU n'a point parlé.
 La nature a fourni d'une main ſalutaire
Tout ce qui dans la vie à l'homme eſt néceſſaire;
Les reſſorts de ſon ame, & l'inſtinct de ſes ſens.
Le ciel à ſes beſoins ſoumet les élémens.
Dans les plis du cerveau la mémoire habitante,
Y peint de la nature une image vivante.
Chaque objet de ſes ſens prévient la volonté.
Le ſon dans ſon oreille eſt par l'air apporté :
Sans efforts & ſans ſoins ſon œil voit la lumiere.
Sur ſon DIEU, ſur ſa fin, ſur ſa cauſe premiere,
L'homme eſt-il ſans ſecours à l'erreur attaché;
Quoi ! le monde eſt viſible, & DIEU ſerait caché ?
Quoi ! le plus grand beſoin que j'aie en ma miſere,
Eſt le ſeul qu'en effet je ne peux ſatisfaire ;
Non, le DIEU qui m'a fait, ne m'a point fait en vain.
Sur le front des mortels il mit ſon ſceau divin.
Je ne puis ignorer ce qu'ordonna mon maître ;
Il m'a donné ſa loi, puiſqu'il m'a donné l'être.
Sans doute il a parlé ; mais c'eſt à l'univers.
Il n'a point de l'Egypte habité les déſerts.
Delphes, Delos, Ammon ne ſont point ſes aſyles.
Il ne ſe cacha point aux antres des Sybilles.
La morale uniforme en tout tems, en tout lieu,
A des ſiecles ſans fin parle au nom de ce DIEU.
C'eſt la loi de *Trajan*, de *Socrate*, & la vôtre,
De ce culte éternel la nature eſt l'apôtre ;
Le bon ſens la reçoit, & les remords vengeurs,
Nés de la conſcience, en ſont les défenſeurs.
Leur redoutable voix par-tout ſe fait entendre.
 Penſez-vous en effet que ce jeune *Alexandre*,
Auſſi vaillant que vous, mais bien moins modéré,
Teint du ſang d'un ami trop inconſidéré,
Ait pour ſe repentir conſulté des augures ?

Ils auraient dans leurs eaux lavé ses mains impures;
Ils auraient à prix d'or absous bientôt le Roi.
Sans eux, de la nature il écouta la loi;
Honteux, désespéré d'un moment de furie,
Il se jugea lui-même indigne de la vie.
Cette loi souveraine à la Chine, au Japon,
Inspira *Zoroastre*, illumina *Solon*;
D'un bout du monde à l'autre elle parle, elle crie,
ADORE UN DIEU, SOIS JUSTE, ET CHÉRIS TA PATRIE.
Ainsi le froid Lapon crut un Etre éternel;
Il eut de la justice un instinct naturel;
Et le Négre vendu sur un lointain rivage,
Dans les Négres encor aima sa noire image.
Jamais un parricide, un calomniateur,
N'a dit tranquillement dans le fond de son cœur:
» Qu'il est beau, qu'il est doux d'accabler l'innocence;
» De déchirer le sein qui nous donna naissance!
» DIEU juste, DIEU parfait! que le crime a d'appas!
Voilà ce qu'on dirait, mortels, n'en doutez pas,
S'il n'était une loi terrible, universelle,
Que respecte le crime en s'élevant contre elle.
Est-ce nous qui créons ces profonds sentimens?
Avons-nous fait notre ame? avons nous fait nos sens?
L'or qui naît au Pérou, l'or qui naît à la Chine,
Ont la même nature, & la même origine:
L'artisan les façonne, & ne peut les former.
Ainsi l'Etre éternel, qui nous daigne animer,
Jetta dans tous les cœurs une même semence
Le ciel fit la vertu; l'homme en fit l'apparence.
Il peut la revêtir d'imposture & d'erreur;
Il ne peut la changer; son juge est dans son cœur.

SECONDE PARTIE.

Réponses aux objections contre les principes d'une morale universelle. Preuve de cette vérité.

J'Entends avec *Cardan*, *Spinosa* qui murmure.
Ces remords, me dit-il, ces cris de la nature,
Ne sont que l'habitude, & les illusions
Qu'un besoin mutuel inspire aux nations.
Raisonneur malheureux, ennemi de toi-même,
D'où nous vient ce besoin, pourquoi l'Etre Suprême
Mit-il dans notre cœur, à l'intérêt porté,
Un instinct qui nous lie à la société ?
Les loix que nous faisons, fragiles, inconstantes,
Ouvrages d'un moment sont par tout différentes ;
Jacob, chez les Hébreux put épouser deux sœurs,
David, sans offenser la décence & les mœurs,
Flatta de cent beautés la tendresse importune,
Le Pape au Vatican n'en peut posséder une ;
Là, le pere à son gré choisit son successeur ;
Ici, l'heureux aîné de tout est possesseur,
Un Polaque à moustache, à la démarche altiere,
Peut arrêter d'un mot sa République entiere.
L'Empereur ne peut rien sans ses chers Electeurs.
L'Anglais a du crédit, le Pape a des honneurs.
Usages, intérêts, culte, loix, tout differe.
Qu'on soit juste, il suffit, le reste est arbitraire. *
    Mais tandis qu'on admire & ce juste & ce beau,
Londres immole son Roi par la main d'un bourreau
Du Pape *Borgia* le bâtard sanguinaire,

* Il est évident que cet *arbitraire* ne regarde que les choses d'institution, les loix civiles, la discipline, qui changent tous les jours selon le besoin.

Dans les bras de sa sœur assassine son frere :
Là, le froid Hollandais devient impétueux,
Il déchire en morceaux deux freres vertueux,
Plus loin la *Brinvilliers*, dévote avec tendresse,
Empoisonne son pere en courant à confesse,
Sous le fer du méchant le juste est abattu.
Hé bien, conclurez-vous qu'il n'est point de vertu ?
Quand des vents du Midi les funestes haleines,
De semences de mort ont inondé nos plaines,
Direz-vous que jamais le ciel en son courroux,
Ne laissa la santé séjourner parmi nous ?
Tous les divers fléaux dont le poids nous accable,
Du choc des élémens effet inévitable,
Des biens que nous goûtons corrompent la douceur :
Mais tout est passager, le crime & le malheur.
De nos desirs fougueux la tempête fatale,
Laisse au fond de nos cœurs la régle & la morale,
C'est une source pure : en vain dans ses canaux,
Les vents contagieux en ont troublé les eaux ;
En vain sur la surface une fange étrangere,
Apporte en bouillonnant un limon qui l'altere ;
L'homme le plus injuste & le moins policé,
S'y contemple aisément quand l'orage est passé.
Tous ont reçu du ciel, avec l'intelligence,
Ce frein de la justice & de la conscience,
De la raison naissante elle est le premier fruit ;
Dès qu'on la peut entendre, aussi-tôt elle instruit :
Contrepoids toujours prompt à rendre l'équilibre
Au cœur plein de desirs, asservi, mais né libre ;
Arme que la nature a mis en notre main,
Qui combat l'intérêt par l'amour du prochain.
De *Socrate* en un mot c'est là l'heureux génie ;
C'est là ce DIEU secret qui dirigeait sa vie,
Ce DIEU qui jusqu'au bout présidait à son sort,
Quand il but sans pâlir la coupe de la mort.
Quoi ! cet esprit divin n'est-il que pour *Socrate* ?
Tout mortel a le sien qui jamais ne le flatte.

Néron cinq ans entiers fut soumis à ses loix,
Cinq ans des corrupteurs il repoussa la voix.
Marc-Aurèle appuyé sur la philosophie,
Porta ce joug heureux tout le tems de sa vie.
Julien s'égarant dans sa Religion,
Infidele à la foi, fidele à la raison,
Scandale de l'Eglise, & des Rois le modèle,
Ne s'écarta jamais de la Loi Naturelle.

   On insiste, on me dit ; l'enfant dans son berceau,
N'est point illuminé par ce divin flambeau ;
C'est l'éducation qui forme ses pensées,
Par l'exemple d'autrui ses mœurs lui sont tracées.
Il n'a rien dans l'esprit, il n'a rien dans le cœur,
De ce qui l'environne il n'est qu'imitateur ;
Il répete les noms de devoir, de justice,
Il agit en machine : & c'est par sa nourrice
Qu'il est Juif ou Payen, fidèle ou Musulman,
Vêtu d'un juste-au-corps, ou bien d'un Doliman.

   Oui, de l'exemple en nous je sçais quel est l'empire,
Il est des sentimens que l'habitude inspire.
Le langage, la mode, & les opinions,
Tous les dehors de l'ame, & ses préventions,
Dans nos faibles esprits sont gravés par nos peres,
Du cachet des mortels impressions légeres.
Mais les premiers ressorts sont faits d'une autre main ;
Leur pouvoir est constant, leur principe est divin.
Il faut que l'enfant croisse, afin qu'il les exerce ;
Il ne les connaît pas sous la main qui le berce.
Le moineau dans l'instant qu'il a reçu le jour,
Sans plumes dans son nid peut-il sentir l'amour ?
Le renard en naissant va-t-il chercher sa proie ?
Les insectes changeans, qui nous filent la soie,
Les essains bourdonnans de ces filles du ciel,
Qui paîtrissent la cire & composent le miel,
Si-tôt qu'ils sont éclos forment-ils leur ouvrage ?
Tout meurit par le tems, & s'accroît par l'usage.
Chaque être a son objet, & dans l'instant marqué

Il marche vers le but par le ciel indiqué.
De ce but, il est vrai, s'écartent nos caprices.
Le juste quelquefois commet des injustices.
On fuit le bien qu'on aime, on hait le mal qu'on fait.
De soi même en tout tems quel cœur est satisfait ?
 L'homme (on nous l'a tant dit) est une énigme obscure ;
Mais en quoi l'est-il plus que toute la nature ?
Avez-vous pénétré, philosophes nouveaux,
Cet instinct sûr & prompt qui sert les animaux ?
Dans son germe impalpable avez-vous pu connaître.
L'herbe qu'on foule aux pieds, & qui meurt pour renaître ?
Sur ce vaste univers un grand voile est jetté ;
Mais dans les profondeurs de cette obscurité,
Si la raison nous luit, qu'avons-nous à nous plaindre ?
Nous n'avons qu'un flambeau ; gardons-nous de l'éteindre
 Quand de l'immensité DIEU peupla les déserts,
Alluma des soleils & souleva des mers ;
Demeurez, leur dit-il, dans vos bornes prescrites.
Tous les mondes naissans connurent leurs limites.
Il imposa des loix à *Saturne*, à *Vénus*,
Aux seize orbes divers dans nos cieux contenus ;
Aux élémens unis dans leur utile guerre,
A la course des vents, aux fléches du tonnerre.
A l'animal qui pense, & né pour l'adorer,
Au ver qui nous attend, né pour nous dévorer.
Aurons-nous bien l'audace, en nos faibles cervelles,
 * D'ajouter nos décrets à ces loix immortelles ?

 * On ne doit entendre par ce mot *Décrets* que les opinions passageres des hommes qui veulent

POEME. 65

Hélas ! serait-ce à nous, fantômes d'un moment,
Dont l'être imperceptible est voisin du néant,
De nous mettre à côté du maître du tonnerre,
Et de donner en Dieux des ordres à la terre ?

donner leurs sentimens particuliers pour des loix générales,

TROISIEME PARTIE.

Que les hommes ayant pour la plûpart défiguré, par les opinions qui les divisent, le principe de la Religion Naturelle qui les unit, doivent se supporter les uns les autres.

L'Univers est un temple ou siége l'Eternel.
La * chaque homme à son gré veut bâtir un autel.
Chacun vante sa foi, ses saints & ses miracles,
Le sang de ses martyrs, la voix de ses oracles.
L'un pense, en se lavant cinq ou six fois par jour,
Que le Ciel voit ses bains d'un regard plein d'amour,
Et qu'avec un prépuce on ne saurait lui plaire,
L'autre a du dieu *Brama* désarmé la colere :
Et pour s'être abstenu de manger du lapin,
Voit le ciel entr'ouvert, & des plaisirs sans fin.
Tous traitent leurs voisins d'impurs & d'infideles.
Des Chrétiens divisés les infâmes querelles,
Ont au nom du Seigneur apporté plus de maux,
Répandu plus de sang, creusé plus de tombeaux,
Que le prétexte vain d'une utile balance.
N'a désolé jamais l'Allemagne & la France.
Un doux Inquisiteur, un crucifix en main,
Au feu par charité fait jetter son prochain,
Et pleurant avec lui d'une fin si tragique,
Prend pour s'en consoler son argent qu'il s'applique,

---

* (Chaque homme) signifie clairement chaque particulier qui veut s'ériger en Législateur, & il n'est ici question que des cultes étrangers, comme on l'a déclaré au commencement de la premiere Partie.

Tandis que de la grace ardente à se toucher,
Le peuple en louant Dieu danse autour du bucher.
On vit plus d'une fois, dans une sainte yvresse,
Plus d'un bon Catholique, au sortir de la messe,
Courant sur son voisin pour l'honneur de la foi,
Lui crier, *Meurs, impie, ou pense comme moi*.
Calvin & ses suppôts, guettés par la justice,
Dans Paris en peinture allerent au suplice.
Servet fut en personne immolé par *Calvin*.
Si *Servet* dans Geneve eût été souverain,
Il eût pour argument contre ses adversaires
Fait serrer d'un lacet le cou des Trinitaires.
Ainsi d'*Arminius* les ennemis nouveaux,
En Flandre étaient martyrs, en Hollande bourreaux.

D'où vient que deux cens ans cette pieuse rage,
De nos ayeux grossiers fut l'horrible partage ?
C'est que de la nature on étouffa la voix ;
C'est qu'à sa loi sacrée on ajouta des loix ;
C'est que l'homme amoureux de son sot esclavage,
Fit dans ses préjugés Dieu même à son image.
Nous l'avons fait injuste, emporté, vain, jaloux,
Séducteur, inconstant, barbare comme nous.

Enfin grace en nos jours à la philosophie,
Qui de l'Europe au moins éclaire une partie,
Les mortels plus instruits en sont moins inhumains :
Le fer est émoussé, les buchers sont éteints.
Mais si le fanatisme était encor le maître,
Que ces feux étouffés seraient promts à renaître ?
On s'est fait, il est vrai, le généreux effort
D'envoyer moins souvent ses freres à la mort.
* On brûle moins d'Hébreux dans les murs de Lisbonne ;

---

* On ne pouvait prévoir alors que les flammes détruiraient une partie de cette ville malheureuse, dans laquelle on alluma trop souvent des buchers.

Et même le Muphti, qui rarement raifonne,
Ne dit plus aux Chrétiens que le Sultan foumet,
Renonce au vin, barbare, & crois à Mahomet.
* Mais du beau nom de chien ce Muphti nous ho-
    nore,
Dans le fond des enfers il nous envoie encore.
Nous le lui rendons bien : nous damnons à la fois
Le peuple circoncis vainqueur de tant de rois,
   Londres, Berlin, Stockolm, & Geneve, & vous-
     même :
Vous êtes ; ô grand Roi ! compris dans l'anathême.
En vain par des bienfaits fignalant vos beaux jours,
A l'humaine raifon vous donnez des fecours,
Aux beaux arts des palais, aux pauvres des afiles,
Vous peuplez les defertts & les rendez fertiles.
De fort favans efprits jurent fur leur falut, †
Que vous êtes fur terre un fils de Belzébut.
  Les vertus des Payens étaient, dit-on, des cri-
    mes.
Rigueur impitoyable ! odieufes maximes !
Gazettier clandeftin, dont la platte âcreté

---

* Les Turcs apellent indifféremment les Chrétiens *Infidèles* & *Chiens.*

† On refpecte cette maxime, *hors l'Eglife point de falut* ; mais tous les hommes fenfés trouvent ridicule & abominable que des particuliers ofent employer cette fentence générale & commitoire contre des hommes qui font leurs fupérieurs & leurs maîtres en tout genre : les hommes raifonnables n'en ufent point ainfi. L'Archevêque *Tillotfon* aurait-il jamais écrit à l'Archevêque *Fénélon, Vous êtes damné ?* Et un Roi de Portugal écrirait-il à un Roi d'Angleterre qui lui envoie des fecours ; mon frere, *Vous irez à tous les diables?* La dénonciation des peines éternelles à ceux qui ne penfent pas comme nous, eft une arme ancienne qu'on laiffe fagement repofer dans l'arfenal, & dont il n'eft permis à aucun particulier de fe fervir.

Damne le genre humain de pleine autorité,
Tu vois d'un œil ravi les mortels tes semblables,
Paitris des mains de DIEU pour le plaisir des diables.
N'es-tu pas satisfait de condamner au feu.
Nos meilleurs citoyens *Montagne* & *Montesquieu* ?
Penses-tu que *Socrate*, & le jeune *Aristide*,
Solon, qui fut des Grecs & l'exemple & le guide,
Penses-tu que *Trajan*, *Marc-Aurèle*, *Titus*,
Noms chéris, noms sacrés, que tu n'as jamais lus ;
Aux fureurs des démons sont livrés en partage,
Par le DIEU bienfaisant dont ils étaient l'image ?
Et que tu seras, toi, de rayons couronné,
D'un chœur de Chérubins au ciel environné ;
Pour avoir quelque tems, chargé d'une besace,
Dormi dans l'ignorance, & croupi dans la crasse ?
Sois sauvé, j'y consens ; mais l'immortel *NeuWton*,
Mais le savant *Leibnitz* & le sage *Adisson*,
(*a*) Et ce *Locke*, en un mot, dont la main coura-
geuse.
A de l'esprit humain posé la borne heureuse,
Ces esprits qui semblaient de DIEU même éclairés,
Dans des feux éternels seront-ils dévorés ?
Porte un arrêt plus doux, prends un ton plus modeste,
Ami, ne prévient point le jugement céleste,
Respecte ces mortels, pardonne à leur vertu.
Ils ne t'ont point damné : pourquoi les damnes-tu ?
A la Religion discrétement fidèle,
Sois doux, compatissant, sage, indulgent comme
elle ;
Et sans noyer autrui songe à gagner le port :
Qui pardonne a raison, & la colere a tort.
Dans nos jours passagers de peines, de miseres,
Enfans du même DIEU, vivons du moins en freres,
Aidons-nous l'un & l'autre à porter nos fardeaux.

(*a*) Voyez les notes à la fin du Poëme.

Nous marchons tous courbés fous le poids de nos maux;
Mille ennemis cruels affiegent notre vie,
Toujours par nous maudite, & toujours fi chérie :
Notre cœur égaré, fans guide & fans apui,
Eft brûlé de defirs, ou glacé par l'ennui.
Nul de nous n'a vécu fans connaître les larmes.
De la Société les fecourables charmes,
Confolent nos douleurs au moins quelques inftans :
Remede encore trop faible à des maux fi conftans.
Ah ! n'empoifonnons pas la douceur qui nous refte !
Je crois voir des forçats dans un cachot funefte,
Se pouvant fecourir, l'un fur l'autre acharnés,
Combattre avec les fers dont ils font enchaînés.

QUATRIEME PARTIE.

C'est au Gouvernement à calmer les malheureuses disputes de l'école qui troublent la Société.

OUi, je l'entends souvent de votre bouche auguste,
Le premier des devoirs, sans doute, est d'être juste,
Et le premier des biens est la paix de nos cœurs.
Comment avez-vous pu, parmi tant de docteurs,
Parmi ces différends que la dispute enfante,
Maintenir dans l'état une paix si constante ?
D'où vient que les enfans de *Calvin*, de *Luther*,
Qu'on croit de-là les monts bâtards de *Lucifer* ?
Le Grec & le Rompin, l'empesé Quiétiste,
Le Quakre au grand chapeau, le simple Anabaptiste,
Qui jamais dans leur loi n'ont pu se réunir,
Sont tous, sans disputer, d'accord pour vous bénir :
C'est que vous êtes sage, & que vous êtes maître.
Si le dernier *Valois*, hélas! avait sçu l'être,
Jamais un Jacobin, guidé par son prieur,
De *Judith* & d'*Aod* fervent imitateur,
N'eût tenté dans St. Cloud sa funeste entreprise :
* Mais *Valois* aiguisa le poignard de l'Eglise ;
Ce poignard qui bientôt égorgea dans Paris,
Aux yeux de ses sujets, le plus grand des *Henris*.
Voilà le fruit affreux des pieuses querelles :
Toutes les factions à la fin sont cruelles ;
Pour peu qu'on les soutienne, on les voit tout oser;

* Il ne faut pas entendre par ce mot l'*Eglise* Catholique, mais le poignard d'un Ecclésiastique, le fanatisme abominable de quelques gens d'Eglise de ces tems-là détestés par l'Eglise de tous les tems.

LA LOI NATURELLE,

Pour les anéantir, il les faut méprifer.
Qui conduit des foldats peut gouverner des Prêtres.
Un Roi dont la grandeur éclipfa fes ancêtres,
Crut pourtant fur la foi d'un confeffeur Normand,
Janfenius à craindre, & *Quefnel* important ;
Du fceau de fa grandeur il chargea leurs fottifes.
De la difpute alors cent cabales éprifes,
Cent bavards en fourure, avocats, bacheliers,
Colporteurs, capucins, jéfuites, cordeliers,
Troublerent tout l'état par leurs doctes fcrupules :
* Le Régent plus fenfé les rendit ridicules :
Dans la pouffiere alors on les vit tous rentrer.
 L'œil du maître fuffit, il peut tout opérer.
L'heureux cultivateur des prefens de Pomone,
Des filles du printems, des tréfors de l'automne,
Maître de fon terrein, ménage aux arbriffeaux,
Les fecours du foleil, de la terre & des eaux ;
Par de legers appuis foutient leurs bras débiles,
Arrache impunément les plantes inutiles ;
Et des arbres touffus, dans fon clos renfermés,
Emonde les rameaux de la fêve affamés.
Son docile terrein répond à fa culture,
Miniftre induftrieux des loix de la nature,
Il n'eft pas traverfé dans fes heureux deffeins :
Un arbre qu'avec peine il planta de fes mains,
Ne prétend pas le droit de fe rendre ftérile :
Et du fol épuifé tirant un fuc utile,
Ne va pas refufer à fon maître affligé
Une part de fes fruits dont il eft trop chargé.
Un jardinier voifin n'eut jamais la puiffance
De diriger des cieux la maligne influence,

* Ce ridicule fi univerfellement fenti par toutes les nations, tombe fur les grandes intrigues pour de petites chofes, fur la haine acharnée de deux partis qui n'ont jamais pu s'entendre fur plus de quatre mille volumes imprimés.

De

De maudire ses fruits pendans aux espaliers,
Et de sécher d'un mot sa vigne & ses figuiers.
   Malheur aux nations dont les loix opposées,
Embrouillent de l'état les rênes divisées !
Le sénat des Romains, ce conseil de vainqueurs,
Présidait aux autels, & gouvernait les mœurs,
Restraignait sagement le nombre des vestales,
D'un peuple extravagant réglait les Baccanales :
Marc-Aurel & Trajan mêlaient aux champs de Mars,
Le bonnet de Pontife au bandeau des Césars :
L'univers reposant sous leur heureux génie,
Des guerres de l'école ignora la manie ;
Ces grands législateurs d'un saint zele enyvrés,
Ne combattirent point pour leurs poulets sacrés.
Rome encor aujourd'hui conservant ses maximes,
Joint le trône à l'autel par des nœuds légitimes.
Ses citoyens en paix sagement gouvernés,
Ne sont plus conquérans, & sont plus fortunés.
   Je ne demande pas que dans sa capitale,
Un Roi portant en main la crosse épiscopale,
Au sortir du conseil, allant en mission,
Donne au peuple contrit sa bénédiction:
Toute Eglise a ses loix, tout peuple a son usage ;
Mais je prétends qu'un Roi que son devoir engage,
A maintenir la paix, l'ordre, la sûreté,
A sur tous ses sujets égale autorité ; *
Ils sont tous ses enfans : cette famille immense,
Dans ses soins paternels a mis sa confiance.
Le marchand, l'ouvrier, le prêtre, le soldat,
Sont tous également les membres de l'état.
De la religion l'apareil nécessaire,

* Ce n'est pas à dire que chaque ordre de l'état n'ait ses distinctions, ses priviléges indispensablement attachés à ses fonctions. Ils jouissent de ces priviléges dans tout pays : mais la loi générale lie également tout le monde.

Tome III. II. Partie.

Confond aux yeux de Dieu le grand & le vulgaire;
Et les civiles loix, par un autre lien,
Ont confondu le prêtre avec le citoyen.
La loi dans tout état doit être univerfelle.
Les mortels, quels qu'ils foient, font égaux devant elle.
Je n'en dirai pas plus fur ces points délicats.
Le ciel ne m'a point fait pour régir les états,
Pour confeiller les rois, pour enfeigner les fages;
Mais du port où je fuis, contemplant les orages,
Dans cette heureufe paix où je finis mes jours,
Eclairé par vous même, & plein de vos difcours,
De vos nobles leçons falutaire interpréte,
Mon efprit fuit le vôtre, & ma voix vous répéte.
Que conclure à la fin de tous mes longs propos?
C'eft que les préjugés, font la raifon des fots;
Il ne faut pas pour eux fe déclarer la guerre :
Le vrai nous vient du ciel, l'erreur vient de la terre,
Et parmi les chardons qu'on ne peut arracher,
Dans des fentiers fecrets le fage doit marcher;
La paix enfin, la paix; que l'on trouble & qu'on aime,
Eft d'un prix aufli grand que la vérité même.

PRIERE.

O Dieu! qu'on méconnaît, ô Dieu! que tout annonce,
Entends les derniers mots que ma bouche prononce;
Si je me fuis trompé, c'eft en cherchant ta loi;
Mon cœur peut s'égarer, mais il eft plein de toi:
Je vois fans m'alarmer l'éternité paraître,
Et je ne puis penfer qu'un Dieu qui m'a fait naître,
Qu'un Dieu qui fur mes jours verfa tant de bienfaits,
Quand mes jours font éteints, me tourmente à jamais.

NOTES.

(*a*) *Soit qu'un Etre inconnu* , &c.

(*a*) Dieu étant un Etre infini , fa nature a dû être *inconnue* à tous les hommes. Comme cet ouvrage eſt tout philoſophique , il a fallu rapporter les ſentimens des Philoſophes. Tous les anciens , ſans exception , ont cru l'éternité de la matière ; c'eſt preſque le ſeul point ſur lequel ils convenaient. La plûpart prétendaient que les Dieux avaient arrangé le monde ; nul ne ſavait que Dieu l'avait tiré du néant. Ils diſaient que l'intelligence avait par ſa propre nature le pouvoir de diſpoſer de la matière , & que la matière exiſtait par ſa propre nature.

Selon preſque tous les Philoſophes & les Poëtes , les grands Dieux habitaient loin de la terre. L'ame de l'homme , ſelon pluſieurs , était un feu céleſte ; ſelon d'autres , une harmonie réſultante de ſes organes : les uns en faiſaient une partie de la Divinité , *Divinæ particulam aulæ* ; les autres , une matière épurée , une quinteſſence ; les plus ſages , un être immatériel ; mais quelque ſecte qu'ils ayent embraſſée ; tous , hors les Epicuriens , ont reconnu que l'homme eſt entierement ſoumis à la Divinité.

(*b*) *Et ce* Loke , *en un mot* , *dont la main courageuſe A de l'eſprit humain poſé la borne heureuſe.*

(*b*) Le modeſte & ſage *Locke* eſt connu pour avoir développé toute la marche de l'entendement humain , & pour avoir montré les limites de ſon pouvoir. Convaincu de la faibleſſe humaine , & pénétré de la puiſſance infinie du Créateur , il dit que nous ne connaiſſons la nature de notre ame que par la foi : il dit

D 2

que l'homme n'a point par lui-même assez de lumières pour assurer que Dieu ne peut pas communiquer la pensée à tout être auquel il daignera faire ce présent, à la matière elle-même.

Ceux qui étaient encore dans l'ignorance s'éleverent contre lui. Entêtés d'un cartésianisme aussi faux en tout que le péripatétisme, ils croyaient que la matière n'est autre chose que l'étendue en longueur, largeur & profondeur : ils ne savaient pas qu'elle a la gravitation vers un centre, la force d'inertie & d'autres propriétés ; que ses élémens sont indivisibles, tandis que ses composés se divisent sans cesse. Ils bornaient la puissance de l'Etre Tout-puissant ; ils ne faisaient pas réflexion qu'après toutes les découvertes sur la matière, nous ne connaissons point le fond de cet être. Ils devaient songer que l'on a long-tems agité si l'entendement humain est une faculté ou une substance. Ils devaient s'interroger eux-mêmes, & sentir que nos connaissances sont trop bornées pour sonder cette abyme.

La faculté que les animaux ont de se mouvoir, n'est point une substance, un être à part ; il paraît que c'est un don du Créateur. *Locke* dit que ce même Créateur peut faire ainsi un don de la pensée à tel être qu'il daignera choisir. Dans cette hypothèse qui nous soumet plus que toute autre à l'Etre suprême, la pensée accordée à un élément de matière, n'en est pas moins pure, moins immortelle que dans toute autre hypothèse. Cet élément indivisible est impérissable : la pensée peut assurément subsister à jamais avec lui, quand le corps est dissous. Voilà ce que *Locke* propose sans rien affirmer. Il dit ce que Dieu eut pû faire, & non ce que Dieu a fait. Il ne connaît point ce que c'est que la matière ; il avoue qu'entre elle & Dieu il peut y avoir une infinité de substances créées, absolument différentes les unes des autres, la lumière, le feu élémentaire paraît en effet, comme on l'a dit dans les élémens de *Newton* une substance moyenne entre cet être inconnu, nommé matière, & d'autres êtres encore plus inconnus. La lumière ne tend point vers le centre, comme la matière ; elle ne paraît pas impénétrable, auſſi *Newton* dit ſouvent dans ſon Optique, *Je n'examine pas ſi les rayons de la lumière ſont des corps, ou non.*

Locke dit donc qu'il peut y avoir un nombre innombrable de ſubſtances, & que Dieu eſt le maître d'accorder des idées à ces ſubſtances. Nous ne pouvons deviner par quel art divin un être tel qu'il ſoit a des idées ; nous en ſommes bien loin : nous ne ſaurons jamais comment un ver de terre a le pouvoir de ſe remuer. Il faut dans toutes ces recherches s'en remettre à DIEU & ſentir ſon néant. Telle eſt la philoſophie de cet homme, d'autant plus grand qu'il eſt plus ſimple ; & c'eſt cette ſoumiſſion à DIEU qu'on a oſé appeller impiété, & ce ſont ſes ſectateurs, convaincus de l'immortalité de l'ame, qu'on a nommés Matérialiſtes ; & c'eſt un homme tel que *Locke* à qui un compilateur de quelque phyſique a donné le nom d'ennuyeux.

Quand même *Locke* ſe ſerait trompé ſur ce point, (ſi on peut pourtant ſe tromper en n'affirmant rien) cela n'empêche pas qu'il ne mérite la louange qu'on lui donne ici : il eſt le premier, ce me ſemble, qui ait montré qu'on ne connaît aucun axiome avant d'avoir connu les vérités particulières ; il eſt le premier qui ait fait voir ce que c'eſt que l'identité, & ce que c'eſt que d'être la même perſonne, le même ſoi : il eſt le premier qui ait prouvé la fauſſeté du ſyſtême des idées innées. Sur quoi je remarquerai qu'il y a des écoles qui anathématiſérent les idées innées quand *Deſcartes* les établit, & qui anathématiſerent enſuite les adverſaires des innées, quand *Locke* les eut détruites. C'eſt ainſi que jugent les hommes qui ne ſont pas philoſophes.

NB. *Le lecteur curieux peut conſulter le chapitre ſur Locke dans les mélanges de Littérature*, &c. &c.

NOTE particulière sur ce passage de la Préface qui est au devant du Poëme sur le désastre de Lisbonne, &c.

Lorsque l'illustre Pope *développa dans ses vers immortels les systêmes du Lord* Shaftersburi *& du Lord* Bollingbroke *, &c.*

C'est peut-être la première fois qu'on a dit que le systême de *Pope* était celui du lord *Shaftersburi*; c'est pourtant une vérité incontestable. Toute la partie physique est presque mot à mot dans la première partie du chapitre intitulé, *les Moralistes*, Section 3. MUEH IS ALLEGD IN ANSUWER TO SHOWE, &c. *On a beaucoup à répondre à ces plaintes des défauts de la nature. Comment est-elle sortie si impuissante & si défectueuse des mains d'un être parfait ? Mais je nie qu'elle soit défectueuse... Sa beauté résulte des contrariétés, & la concorde universelle naît d'un combat perpétuel... il faut que chaque être soit immolé à d'autres; es végétaux aux animaux, les animaux à la terre... & les loix du pouvoir central & de la végétation qui donnent aux corps célestes leur poids & leur mouvement, ne seront point dérangés pour l'amour d'un chétif & faible animal, qui tout protégé qu'il est par ces mêmes loix sera bientôt par elles réduit en poussière.* Cela est admirablement dit : & cela n'empêche pas que l'illustre docteur *Klark* dans son Traité de l'Existence de DIEU ne dise que le *genre humain se trouve dans un état où l'ordre naturel des choses de ce monde est manifestement renversé.* Page 10. Tome II. seconde édition, traduction de Mr. *Ricotier*: cela n'empêche pas que l'homme ne puisse dire, je dois être aussi cher à mon maître, moi, être pensant & sentant, que les planètes qui probablement ne sentent point : cela n'empêche pas que les choses de ce monde ne puissent être autrement, puisqu'on nous apprend que l'ordre a été perverti, &

NOTES.

qu'il fera rétabli : cela n'empêche pas que le mal phyfique & le mal moral ne foient une chofe incompréhenfible à l'efprit humain : cela n'empêche pas qu'on ne puiffe révoquer en doute le *Tout eft bien*, en refpectant *Shaftersburi* & *Pope*, dont le fyftême a d'abord été attaqué comme fufpect d'athéïfme, & eft aujourd'hui canonifé.

La partie morale de l'*Effai fur l'homme* de *Pope*, eft auffi toute entière dans *Shaftersburi*, à l'article de la recherche fur la vertu, au fecond volume des *Carafteriſticis*. C'eft-là que l'auteur dit que l'intérêt particulier bien entendu fait l'intérêt général. Aimer le bien public & le nôtre eft non-feulement poffible, mais inféparable. *To be well affected touvards the publick intereſt and ones own, is not onlb confiſtent but inféparable.* C'eft là ce qu'il prouve dans tout ce livre, & c'eft la bafe de toute la partie morale de l'*Effai de Pope fur l'homme*. C'eft par-là qu'il finit.

That reafon paffion anfuwer one great aim,
That true felf love and focial be the fame.

La raifon & les paffions répondent au grand but de DIEU. Le véritable amour-propre & l'amour focial font le même.

Une fi belle morale, bien mieux développée encore dans *Pope* que dans *Shaftersburi*, a toujours charmé l'auteur des Poëmes fur Lisbonne & fur la Loi Naturelle : voilà pourquoi il a dit,

Mais Pope approfondit ce qu'ils ont effleuré,
Et l'homme avec lui feul apprend à fe connaître.

Le lord *Shaftersburi* prouve encore que la perfection de la vertu eft due néceffairement à la croyance d'un DIEU. *And thus perfection of virtue muſt be owing to the belief of a God.*

C'eft apparemment fur ces paroles que quelques perfonnes on traité *Shaftersburi* d'athée. S'ils avaient bien lu fon livre, ils n'auraient pas fait cet infâme reproche à la mémoire d'un Pair d'Angleterre, d'un philosophe élevé par le sage *Locke*.

C'est ainsi que le Pere *Hardouin* traita d'Athées *Pascal*, *Mallebranche* & *Arnaud*. C'est ainsi que le docteur l'*Ange* traita d'athée le respectable *Wolf*, pour avoir loué la morale des Chinois : & *Wolf* s'étant appuyé du témoignage des Jésuites, Missionnaires à la Chine, le docteur répondit, *Ne sait-on pas que les Jésuites sont des athées ?* Ceux qui gémirent sur l'aventure des diables de Loudun, si humiliante pour la raison humaine, ceux qui trouverent mauvais qu'un Recollet, en conduisant *Urbain Grandier* au supplice, le frappât au visage avec un crucifix de fer, furent apellés athées par les Recollets. Les Convulsionnaires ont imprimé que ceux qui se moquaient des convulsions étaient des athées; & les Molinistes ont cent fois baptisé de ce nom les Jansénistes.

Lorsqu'un homme connu écrivit le premier en France il y a vingt ans sur l'inoculation de la petite vérole un auteur inconnu écrivit : *Il n'y a qu'un athée imbu des folies Anglaises qui puisse proposer à notre nation de faire un mal certain pour un bien incertain.*

L'auteur des Nouvelles Eccléfiastiques, qui écrit tranquillement depuis si long-tems contre les Puissances, contre les Loix, & contre la Raison; a employé une feuille à prouver que Mr. de Montesquieu était athée, & une autre feuille à prouver qu'il était déiste.

St. Sorlin des Marets, connu en son tems par le poëme de *Clovis* & par son fanatisme, voyant passer un jour dans la galerie du Louvre *La Mothe le Vayer*, Conseiller d'état & Précepteur de Monsieur, *Voilà*, dit-il, *un homme qui n'a point de Religion* : La Mothe le Vayer se retourna vers lui, & daigna lui dire, *mon ami, j'ai tant de religion, que je ne suis point de ta religion.*

En général, cette ridicule & abominable démence d'accuser d'athéisme à tort & à travers tous ceux qui ne pensent pas comme nous, est ce qui a le plus contribué à répandre d'un bout de l'europe à l'autre ce profond mépris que tout le public a aujourd'hui pour les libelles de controverse.

LETTRE*
AU ROI DE PRUSSE.

VOus laissez reposer la foudre & les trompettes,
Et sans plus étaler ces raisons du plus fort,
Dans vos fiers Arsenaux, magasins de la mort,
De vingt mille canons les bouches sont muettes.
J'aime mieux des soupers, des opéra nouveaux,
Des passe-piés français, des frédons italiques,
Que tous ces bataillons d'assassins héroïques,
    Gens sans esprit, & fort brutaux.
Quand verrai-je élever par vos mains triomphantes,
Du palais des plaisirs les colomnes brillantes ?
    Quand verrai-je à Charlotembour,
Du fameux Polignac, † les marbres respectables,
Des antiques Romains ces monumens durables,
Accourir à votre ordre, embellir votre Cour :
Tous ces bustes fameux semblent déjà vous dire,
Que faisons-nous à Rome, au milieu des débris
    Et des beaux Arts, & de l'Empire,
Parmi ces Capuchons blancs, noirs, minimes gris,
Arlequins en soutane, & courtisans en mytre,
Portans au Capitole, au Temple des Guerriers,
Pour Aigle des *Agnus*, des bourdons pour lauriers ?
Ah ! loin des Monsignors, tremblans dans l'Italie,
Restons dans ce Palais, le Temple du génie ;
Chez un Roi, vraiment Roi, fixons-nous aujourd'hui :
Rome n'est que la Sainte, & l'autre est avec lui.

A Bruxelles ce 2 Septembre 1742. Cette lettre & les petites pieces suivantes avaient été oubliées dans ce recueil.

   † En ce tems-là Frédéric le Grand III. Roi de Prus-

Sans doute, SIRE, que les Statues du cardinal de Polignac vous disent souvent de ces choses-là. Mais j'ai aujourd'hui à faire parler une beauté qui n'est pas de marbre, & qui vaut bien toutes vos Statues.

>Hier je fus en présence
>De deux yeux mouillés de pleurs,
>Qui m'expliquaient leurs douleurs
>Avec beaucoup d'éloquence.
>Ces yeux qui donnent des loix
>Aux ames les plus rebelles,
>Font briller leurs étincelles
>Sur le plus friand minois
>Qui soit aux murs de Bruxelles.

Ces yeux, SIRE, & ce très-joli visage, appartiennent à madame Valstein, ou Vallenstein, l'une des petites niéces de ce fameux duc de Valstein, que l'Empereur Ferdinand fit si proprement tuer au saut du lit par quatre honnêtes Irlandois, ce qu'il n'eut pas fait assurément s'il avait pu voir sa petite niéce.

>Je lui demandai pourquoi
>Ses beaux yeux versaient des larmes;
>Elle, d'un ton plein de charmes,
>Dit : C'est la faute du Roi.

Les Rois font ces fautes-là quelquefois, répondis-je : Ils ont fait pleurer de beaux yeux,

se avait fait acheter à Paris toutes les Statues que le Cardinal de Polignac avait fait venir de Rome.

AU ROI DE PRUSSE.

sans compter le grand nombre des autres qui ne prétendent pas à la beauté.

Leur tendresse, leur inconstance,
Leur ambition, leur fureurs,
Ont fait souvent verser des pleurs
En Allemagne comme en France.

Enfin j'appris que la cause de sa douleur, vient de ce que le Comte de.... est pour six mois les bras croisés, par l'ordre de votre Majesté dans le château de Vezel. Elle me demanda ce qu'il falloit qu'elle fit pour le tirer de là. Je lui dis qu'il y avoit deux manieres; la premiere, d'avoir une armée de cent mille hommes, & d'assiéger Vezel. La seconde, de se faire presenter à Votre Majesté, & que cette façon là étoit incomparablement la plus sûre.

Alors j'apperçus dans les airs
Ce premier Roi de l'univers,
L'Amour qui de Valstein vous portait la demande,
Et qui disait ces mots, que l'on doit retenir:
» Alors qu'une belle commande,
» Les autres Souverains doivent tous obéir.

ÉPITRE
AU
PRINCE EUGÉNE.

Grand Prince, qui dans cette Cour,
Où la Justice étoit éteinte,
Sçûtes inspirer de l'amour,
Même en nous donnant de la crainte ;
Toi que Rousseau, si dignement,
A, dit-on, chanté sur sa lyre ;
Eugéne, je ne sçais comment
Je m'y prendrai pour vous écrire.
Oh ! que nos Français sont contens
De votre derniere victoire,
Et qu'ils chérissent votre gloire,
Quand ce n'est point à leurs dépens !
Poursuivez ; des Musulmans
Rompez bientôt la barriere ;
Faites mordre la poussiere
Aux Circoncis insolens ;
Et plein d'une ardeur guerriere,
Foulant aux pieds les turbans,
Achevez cette carriere
Au Sérail des Ottomans.
Vénus, & le Dieu des combats,
Vont vous en ouvrir la porte ;
Les graces leur servent d'escorte,
Et l'amour vous tend les bras.
Voyez-vous déjà paraître
Tout ce peuple de beautés,

Esclaves des voluptés.
D'un amant, qui parle en maître,
Faites vîte du mouchoir
La faveur impérieuse
A la beauté la plus heureuse,
Qui sçaura délasser le soir
Votre Altesse victorieuse.

Du séminaire des Amours,
A la France votre patrie,
Daignez envoyer pour secours
Quelques Belles de Circassie.
Le saint Pere, de son côté,
Attend beaucoup de votre zèle,
Et prétend qu'avec charité,
Sous le joug de la vérité,
Vous rangiez un peuple infidèle,
Par vous mis dans le bon chemin;
On verra bientôt ces infâmes,
Ainsi que vous, boire du vin,
Et ne plus renfermer les femmes.
Adieu, grand Prince, heureux guerrier,
Paré de myrthe & de laurier,
Allez asservir le Bosphore.
Déja le grand Turc est vaincu ;
Mais vous n'avez rien fait encore,
Si vous ne le faites cocu.

A MONSIEUR DESMAHIS.

Vos jeunes mains cueillent des fleurs,
Dont je n'ai plus que les épines;
Vous dormez dessous les Courtines
Et des Graces & des neuf Sœurs.
Je leur fais encor quelques mines,
Mais vous possédez leurs faveurs.
Tout s'éteint, tout s'use, tout passe;
Je m'affaiblis, & vous croissez;
Mais je descendrai du Parnasse
Content, si vous m'y remplacez.
Je jouis peu, mais j'aime encore,
Je verrai du moins vos amours;
Le crépuscule de mes jours
S'embellira de votre aurore.
Je dirai: je fus comme vous;
C'est beaucoup me vanter peut-être;
Mais je ne serai point jaloux;
Le plaisir permet-il de l'être.

ÉPITRE

A M. DE SAINT-LAMBERT.

Tandis qu'au dessus de la Terre,
Des Aquilons & du Tonnerre,
L'Interprete du grand *Newton*,
Dans les routes de la lumiere
Conduit le char de *Phaëton*,
Sans verser dans cette carriere ;
Nous attendons paisiblement,
Près de l'onde Castalienne
Que notre Héroïne revienne
De son voyage au Firmament ;
Et nous assemblons, pour lui plaire,
Dans ces vallons & dans ces bois,
Ces fleurs dont *Horace* autrefois
Faisoit des bouquets pour *Glycere*.
Saint-Lambert, ce n'est que pour toi
Que ces belles fleurs sont écloses ;
C'est ta main qui cueille les roses,
Et les épines sont pour moi.
Ce Vieillard chenu qui s'avance,
Le Tems, dont je subis les loix,
Sur ma lyre a glacé mes doigts,
Et des organes de ma voix
Fait frémir la sourde cadence.
Les Graces, dans ce beau Vallon,
Les Dieux de l'amoureux Empire,
Ceux de la flute & de la lyre
T'inspirent les aimables sons ;
Avec toi dansent aux chansons,
Et ne daignent plus me sourire.
Dans l'heureux printems de tes jours,

EPITRE

Des Dieux du Pinde & des Amours
Saisis la faveur passagere ;
C'est le tems de l'illusion :
Je n'ai plus que de la raison ,
Encore, hélas ! n'en ai-je guere.
Mais je vois venir sur le soir,
Du plus haut de son Aphélie ,
Notre astronomique *Emilie* ,
Avec un vieux tablier noir ,
Et la main d'encre encor salie.
Elle a laissé là son compas ,
Et ses calculs & sa lunette ;
Elle reprend tous ses appas.
Porte-lui vîte , à sa toilette ,
Ces fleurs qui naissent sur tes pas ;
Et chante-lui , sur ta musette ,
Ces beaux airs que l'Amour répete ,
Et que *Newton* ne connut pas.

EPITRE
A MADEMOISELLE SALLÉ.

Les Amours pleurant votre absence ,
Loin de nous s'étaient envolés ;
Enfin les voilà rappellés
Dans le séjour de leur naissance.
Je les vis , ces Enfans aîlés ,
Voler en foule sur la scene ,
Pour y voir triompher leur Reine.
Les Etats furent assemblés ,
Tout avait déserté Cithere ,
Le jour le plus beau de vos jours ,
Où vous reçûtes , de leur mere ,

A MADEMOISELLE SALLE. 89

Et la ceinture & les atours.
Dieux ! quel fut l'aimable concours
Des Jeux, qui, marchant sur vos traces,
Apprirent de vous, pour toujours,
Ces pas mesurés par les Graces,
Et composés par les Amours.
Des Ris l'essain vif & folâtre
Avait occupé le Théâtre
Sur les formes de mille Amans ;
Vénus & ses Nymphes parées
De modernes habillemens,
Des loges s'étaient emparées.
Un tas de vains perturbateurs,
Soulevant les flots du parterre,
A vous, à vos admirateurs,
Vint aussi déclarer la guerre.
Je vis leur parti frémissant,
Forcé de changer de langage,
Vous rendre en partant leur hommage,
Et jurer en applaudissant.
Restez, fille de Terpsicore,
L'Amour est las de voltiger ;
Laissez soupirer l'Etranger,
Brûlant de vous revoir encore.
Je sçais que pour vous attirer,
Le solide Anglais récompense
Le mérite errant, que la France
Ne fait tout au plus qu'admirer,
Par sa généreuse industrie,
Il veut en vain vous rappeller :
Est-il rien qui doive égaler
Le suffrage de la Patrie ?

IMITATION DE L'ODE
DU R. P. LE JAY, JÉSUITE,
SUR SAINTE GÉNÉVIÉVE. *

Qu'apperçois-je ? Est-ce une Déesse
Qui s'offre à mes regards surpris ?
Son aspect répand l'allegresse,
Et son air charme mes esprits.
Un flambeau brillant de lumiere,
Dont sa chaste main nous éclaire,
Jette un feu nouveau dans les airs.
Quels sons ! quelles douces merveilles
Viennent de frapper mes oreilles
Par d'inimitables concerts !

Un chœur d'Esprits saints l'environne,
Et lui prodigue des honneurs :
Les uns soutiennent sa couronne,
Les autres la parent de fleurs.
O miracle ! ô beautés nouvelles !
Je les vois, déployant leurs aîles,
Former un trône sous ses pieds.
Ah ! je sçais qui je vois paraître.
France, pouvez-vous méconnaître
L'Héroïne que vous voyez ?
Oui, c'est vous que Paris révere,

---

* Cette Ode est le premier Ouvrage imprimé de M. de Voltaire. Il la composa au Collége de Louis le Grand, où il était Pensionnaire & Ecolier de Rhétorique, sous le P. le Jay & le P. Porée.

Comme le soutien de ses Lys ;
GÉNEVIEVE, illustre Bergere,
Quel bras les a mieux garantis ?
Vous, qui par d'invisibles armes,
Toujours au fort de nos alarmes
Nous rendîtes victorieux :
Voici le jour où la mémoire
De vos bienfaits, de votre gloire,
Se renouvelle dans ces lieux.

Du milieu d'un brillant nuage,
Vous voyez les humbles mortels
Vous rendre à l'envi leur hommage,
Prosternés devant vos autels ;
Et les Puissances Souveraines
Remettre entre vos mains les rênes
D'un Empire à vos loix soumis.
Reconnaissant & plein de zêle,
Que n'ai-je sçu, comme eux fidèle,
Acquitter ce que j'ai promis.

Mais, hélas ! que ma conscience
M'offre un souvenir douloureux !
Une coupable indifférence
N'a pû faire oublier mes vœux.
Confus, j'en entends le murmure ;
Malheureux ! je suis donc parjure !
Mais, non ; fidèle désormais,
Je jure ces autels antiques,
Parés de vos saintes Reliques,
D'accomplir les vœux que j'ai faits.
Vous, Tombeau sacré que j'honore,
Enrichi des dons de nos Rois ;
Et vous, Bergere, que j'implore.
Ecoutez ma timide voix !
Pardonnez à mon impuissance,
Si ma faible reconnaissance

Ne peut égaler vos faveurs.
Dieu même à contenter facile,
Ne croit point l'offrande trop vile
Que nous lui faisons de nos cœurs.

LES Indes pour moi trop avares,
Font couler l'or en d'autres mains ;
Je n'ai point de ces meubles rares
Qui flattent l'orgueil des humains.
Loin d'une fortune opulente,
Aux trésors que je vous presente,
Ma seule ardeur donne du prix ;
Et si cette ardeur peut vous plaire,
Agréez que j'ose vous faire
Un hommage de mes Ecrits.

EH ! quoi ! puis-je dans le silence
Ensévelir ces nobles noms
De Protectrice de la France,
Et de ferme appui des Bourbons ?
Jadis nos campagnes arides,
Trompant nos attentes timides,
Vous dûrent leur fertilité ;
Et par votre seule priere
Vous désarmâtes la colere
Du Ciel contre nous irrité.

LA Mort même à votre presence,
Arrêtant sa cruelle faulx,
Rendit des hommes à la France
Qu'alloient dévorer les tombeaux.
Maîtresse du séjour des Ombres,
Jusqu'au plus profond des lieux sombres,
Vous fîtes révérer vos loix.
Ah ! n'êtes-vous plus notre mere,
GÉNÉVIÉVE ; ou notre misere
Est-elle moindre qu'autrefois ?

REGARDEZ la France en alarmes,
Qui de vous attend son secours.
En proie à la fureur des armes,
Peut-elle avoir d'autres recours ?
Nos fleuves devenus rapides,
Par-tout de cruels homicides
Sont teints du sang de nos Guerriers;
Chaque Eté forme des tempêtes,
Qui fondent sur d'illustres têtes,
Et frappent jusqu'à nos lauriers.

JE vois en des Villes brûlées
Regner la mort & la terreur,
Je vois des plaines désolées
Aux vainqueurs mêmes faire horreur:
Vous qui pouvez finir nos peines
Et calmer nos funestes haines,
Rendez-nous une aimable paix!
Que Bellone, de fers chargée,
Dans les Enfers soit replongée,
Sans espoir d'en sortir jamais.

ODE

COMPOSÉE EN 1713.

Aux maux les plus affreux le Ciel nous abandonne ;
Le désespoir, la mort, la faim nous environne,
Et les Dieux, contre nous soulevés tant de fois,
Équitables vengeurs des crimes de la terre ;
    Ont frappé du tonnerre
    Les Peuples & les Rois.

Des plaines du Tortose, aux bords du Boristhene,
Mars a conduit son char attelé par la Haine ;
Les Vents contagieux ont volé sur ses pas ;
Et soufflant de la mort les semences funestes,
    Ont dévoré les restes,
    Echappés aux combats.

D'un Monarque puissant la race fortunée
Remplissait de son nom l'Europe consternée ?
Je n'ai fait que passer, ils étaient disparus ;
Et le peuple abattu, que ce malheur étonne,
    Les cherche auprès du Trône,
    Et ne les trouve plus.

Peuples, reconnaissez la main qui nous accable ;
Ce n'est pas du Destin l'arrêt irrévocable,
C'est le courroux des Dieux, mais facile à calmer ;
Méritez d'être heureux, osez quitter le vice :
    C'est par ce sacrifice
    Qu'on peut les désarmer.

Rome, en sages héros autrefois si fertile,
Qui fut des premiers Rois la terreur ou l'asyle,

Rome fut vertueuse & dompta l'Univers ;
Mais l'Orgueil & le Luxe, enfans de la Victoire,
    Du comble de la gloire,
    L'ont mise dans les fers.

Quoi ! verra-t-on toujours de ces tyrans serviles,
Oppresseurs insolens des veuves des pupilles,
Elever des Palais dans nos champs désolés
Verra-t-on cimenter leurs portiques durables,
    Du sang des misérables,
    Devant eux immolés ?

Elevés dans le sein d'une infâme avarice,
Leurs enfans ont sucé le lait de l'injustice,
Et dans les Tribunaux vont juger les humains ;
Malheur à qui, fondé sur la faible innocence,
    A mis son espérance
    En leurs indignes mains.

Des Nobles cependant l'ambition captive,
S'endort entre les bras de la mollesse oisive,
Et ne porte aux combats que des coups languissans ;
Cessez, abandonnez à des mains plus vaillantes,
    Ces piques trop pesantes,
    Pour vos bras impuissans.

Voyez cette beauté sous les yeux de sa mere ;
Elle apprend en naissant l'art dangereux de plaire,
Et d'exciter en nous nos funestes penchans ;
Son enfance prévient le tems d'être coupable,
    Le vice, trop aimable,
    Instruit ses premiers ans.

Bientôt bravant les yeux de l'époux qu'elle outrage,
Elle abandonne aux mains d'un Courtisan volage,
De ses trompeurs appas le charme empoisonneur.
Que dis-je ? Cet époux à qui l'hymen la lie
    Trafiquant l'infamie,

La livre au deshonneur.

Ainsi, vous outragez les Dieux & la Nature !
Oh ! que ce n'était point de cette source impure,
Qu'on vit naître les Francs, des Scythes successeurs
Qui du char d'Attila détachant la fortune,
    De la cause commune
    Furent les défenseurs.

Le Citoyen alors sçavait porter les armes.
Sa fidelle moitié, qui négligeait ses charmes,
Pour son retour heureux préparait des lauriers,
Recevait dans ses mains sa cuirasse sanglante,
    Et sa hache fumante
    Du trépas des guerriers.

Au travail endurcis, leur superbe courage,
Ne prodigua jamais un imbécille hommage
A de vaines Beautés, à leurs yeux, sans appas;
Et d'un sexe timide, & né pour la mollesse,
    Ils plaignaient la faiblesse,
    Et ne l'adoraient pas.

De ces sauvages tems l'héroïque rudesse,
Leur dérobait encor la délicate adresse,
D'excuser leurs forfaits par un subtil détour;
Jamais on n'entendit leur bouche peu sincere
    Donner à l'adultere
    Le tendre nom d'amour.

Mais insensiblement l'adroite politesse,
Des cœurs efféminés souveraine maîtresse,
Corrompit de nos mœurs l'austere pureté;
Et du subtil mensonge empruntant l'artifice,
    Bientôt à l'injustice
    Donna l'air d'équité.

Le luxe à ses côtés marche avec arrogance,

L'or qui naît sous ses pas s'écoule en sa présence,
Le fol Orgueil le suit, compagnon de l'Erreur ;
Il sappe des Etats la grandeur souveraine,
    De leur chute certaine,
    Brillant avant-coureur.

---

*ÉPITRE A MADAME DE **,

Sur le péril qu'elle avait couru en traversant la Loire.

Sçavez-vous, belle Douairiere,
Ce que dans Sully l'on faisait,
Lorsqu'Eole vous conduisait
D'une si terrible maniere ;
Certain malin esprit riait,
Et pour vous déjà préparait
Une Epitaphe familiere,
Disant qu'on vous repêcherait
Incessamment dans la riviere.
Cependant l'Espar, la Vrilliere,
Guiche, Sully, tout soupirait :
Roussi comme un Diable jurait
Et l'Abbé Courtin qui pleurait,
En voyant votre heure derniere,
Adressait à Dieu sa priere,
Et pour vous tout bas marmotait
Quelque Oraison de son Bréviaire,
Qu'alors, contre son ordinaire,
Dévotement il recitait,
Dont à peine il se souvenait,
Et que même il n'entendait guere.
Mais quel spectacle j'envisage !
Les Amours qui, de tous côtés,

* Cette Epitre est fort différente ici des autres éditions.

Tome III. II. Partie. E

S'opposent à l'affreuse rage
Des vents contre vous irrités ;
Je les vois ; ils sont à la nage,
Et plongés jusqu'au cou dans l'eau,
Ils conduisent votre bateau,
Et vous voilà sur le rivage.
Daphné, songez à faire usage
Des jours qu'Amour a conservés.
C'est pour lui qu'il les a sauvés :
En faut-il dire davantage ?
Daignez pour moi vous employer
Près de ce Duc aimable & sage,
Qui fit avec vous ce voyage,
Où vous pensâtes vous noyer,
Et que votre bonté l'engage
A conjurer un peu l'orage
Qui sur moi gronde maintenant,
Et qu'enfin au Prince Régent
Il tienne à peu près ce langage :

Prince, dont la vertu va changer nos destins,
Toi, qui par tes bienfaits signales ta puissance,
Toi, qui fais ton plaisir du bonheur des humains,
PHILIPPE, il est pourtant un malheureux en France.
   Du Dieu des vers un fils infortuné,
Depuis un tems, fut par toi condamné
A fuir loin de ces bords qu'embellit ta presence ;
Songe que d'Apollon souvent les Favoris
   D'un Prince assurent la mémoire ;
    PHILIPPE, quand tu les bannis,
    Souviens-toi que tu te ravis
    Autant de témoins de ta gloire.
Jadis le tendre Ovide eut un pareil destin ;
Auguste l'exila dans l'affreuse Scythie.
Auguste est un Heros ; mais ce n'est pas enfin
    Le plus bel endroit de sa vie.
Grand Prince, puisses-tu devenir aujourd'hui,
Et plus clément qu'Auguste, & plus heureux que lui.

VERS
Sur l'Election du Roi STANISLAS.

IL fallait un Monarque aux fiers Enfans du Nord,
Un peuple de Héros s'assemblait pour l'élire ;
Mais l'Aigle de Russie & celui de l'Empire
Menaçaient la Pologne & maîtrisaient le Sort :
De la France aussi-tôt, son Trône & sa Patrie,
La Vertu descendit aux champs de Varsovie :
Mars conduisait ses pas. Vienne en frémit d'effroi ;
La Pologne à genoux courut la reconnaître.
Peuples nés, leur dit-elle, & pour Mars & pour moi,
De nos mains à jamais recevez votre Maître :
STANISLAS à l'instant vint, parut, & fut Roi.

ODE
Sur la construction de l'Autel de Notre-Dame en 1714.

DU Roi des Rois la voix puissante,
S'est fait entendre dans ces lieux :
L'or brille, la toile est vivante,
Le marbre s'anime à mes yeux.
Prêtresses de ce Sanctuaire,
La Paix, la Piété sincere,
La Foi, Souveraine des Rois,
Du Très-Haut Filles immortelles,
Rassemblent en foule autour d'elles
Les Arts animés par leurs voix.

Vierges, Compagnes des Justes,

Je vois deux Héros (1) prosternés,
Dépouiller leurs bandeaux augustes,
Par vos mains tant de fois ornés;
Mais quelle puissance céleste
Imprime sur leur front modeste
Cette suprême majesté!
Terrible & sacré caractere,
Dans qui l'œil étonné révere
Les traits de la Divinité.

 L'un voua ces pompeux portiques;
Son fils vient de les élever.
O que de projets héroïques
Seul il est digne d'achever!
C'est lui, c'est ce Sage intrépide,
Qui triompha du Sort perfide,
Contre la Vertu conjuré,
Et de la Discorde étouffée,
Vient dresser un nouveau trophée (2)
Sur l'Autel qu'il a consacré.

 Telle autrefois la Cité sainte
Vit le plus sage des Mortels,
Du Dieu qu'enferme son enceinte,
Dresser les superbes Autels.
Sa main redoutable & chérie,
Loin de sa paisible Patrie,
Ecartait les troubles affreux,
Et son autorité tranquille,
Sur un peuple à lui seul docile,
Faisait luire des jours heureux.

 O toi, cher à notre mémoire,
Puisque Louis te doit le jour,

---

(1) Les Statues de Louis XIII & de Louis XIV. sont aux deux côtés de l'Autel.
(2) La Paix de l'Empereur faite dans le tems que le Chœur a été achevé.

ODE.

Descends du pur sein de la Gloire,
Des bons Rois immortel séjour ;
Reviens sur ces rives illustres,
Où ton fils, depuis tant de lustres,
Porte ton Sceptre dans ses mains :
Reconnais-le aux vertus suprêmes,
Qui ceignent de cent diadêmes
Son front respectable aux humains.

Viens : l'Hérésie insinuante,
Le Duel armé par l'Affront,
La Révolte pâle & sanglante,
Ici ne levent plus leur front.
Tu vis leur cohorte effrénée,
De leur haleine empoisonnée,
Souffler leur rage sur les Lys :
Leurs dents, leurs fléches sont brisées ;
Et sur leurs têtes écrasées,
Marche ton invincible fils.

Viens sous cette voûte nouvelle,
De l'Art ouvrage précieux.
Là, brûle allumé par son zele,
L'encens que tu promis aux Cieux ;
Offre au Dieu que son cœur révere,
Ses vœux ardens, sa foi sincere,
Humble tribut de piété.
Voilà les dons que tu demandes,
Grand Dieu ; ce sont-là les offrandes
Que tu reçois dans ta bonté.

Les Rois sont les vives images
Du Dieu qu'ils doivent honorer ;
Tous lui consacrent des hommages,
Combien peu sçavent l'adorer !
Dans une offense fastueuse,
Souvent leur piété pompeuse
Au Ciel est un objet d'horreur.

E 3

ODE.

Sur l'Autel que l'Orgueil lui dreſſe,
Je vois une main vengereſſe
Tracer l'arrêt de ſa fureur (1).

Heureux le Roi que la Couronne
N'éblouit point de ſa ſplendeur ;
Qui, fidele au Roi qui la donne,
Oſe être humble dans ſa grandeur ;
Qui, donnant aux Rois des exemples,
Au Seigneur éleve des Temples,
Des aſyles aux malheureux ;
Dont la clairvoyante Juſtice
Démêle & confond l'artifice
De l'hypocrite ténébreux.

Aſſiſe avec lui ſur le Trône,
La Sageſſe eſt ſon ferme appui ;
Si la fortune l'abandonne,
Le Seigneur eſt toujours à lui.
Ses vertus ſeront couronnées
D'une longue ſuite d'années,
Trop courte encore à nos ſouhaits ;
Et l'Abondance, dans ſes Villes,
Fera germer ſes dons fertiles,
Cueillis par les mains de la Paix.

VERS A M. LOUIS RACINE

Sur ſon Poëme de la GRACE.

CHER *Racine*, j'ai vu, dans tes Vers dictatiques,
De ton J........ les Leçons fanatiques.
Quelquefois je te loue, & ne te crois en rien ;

(1) *Apparuerunt digiti quaſi hominis ſcribentis.*

Si ton style me plaît, ton Dieu n'est pas le mien.
Tu t'en fais un Tyran, je veux qu'il soit mon Pere :
Ton hommage est forcé, le mien est volontaire.
De son sang, mieux que toi, je reconnais le prix ;
Tu le sers en Esclave, & je le sers en Fils.
Crois-moi, n'affecte plus une inutile audace :
Il faut comprendre Dieu pour comprendre sa grace ;
Soumettons nos esprits, soumettons-lui nos cœurs,
Et soyons des Chrétiens, & non pas des Docteurs.

VERS A M. DE VOLTAIRE.

Par M. F** de Rouen.

Assis devant votre Pupitre,
Avec votre plume j'écris ;
Cela semble d'abord un titre,
Pour façonner des vers polis :
Aussi je voulais vous en faire,
Mais Apollon m'a reconnu.
J'ai beau vouloir vous contrefaire ;
De lui je n'ai rien obtenu.
Je vois trop que c'est tems perdu,
Et qu'il ne répond qu'à *Voltaire*.

RÉPONSE DE M. DE VOLTAIRE.

On m'a conté, l'on m'a menti peut-être,
Qu'Apelle un jour vint, entre cinq & six,
Confabuler chez son ami *Zeuxis* :
Mais ne trouvant personne en son taudis,
Fit, sans billet, sa visite connaître.
Sur un Tableau par *Zeuxis* commencé

Un simple trait fut hardiment tracé.
Zeuxis revint : puis en voyant paraître
Ce trait leger, & pourtant achevé,
Il reconnut son Maître & son Modèle.
Je suis *Zeuxis* : mais chez moi j'ai trouvé
Des traits formés par la main d'un *Apelle*.

VERS

A Madame de Prie.

DE Prie, objet aimable & rare assurément,
   Que vous passez, d'un vol rapide,
Du grave à l'enjoué, du frivole au solide !
   Que vous unissez plaisamment
L'esprit d'un Philosophe & celui d'un Enfant !
J'accepte les lauriers que votre main me donne ;
Mais ne peut-on tenir de vous qu'une Couronne ?
Vous connaissez *Alain*, ce Poëte fameux,
Qui s'endormit un jour au Palais de sa Reine ?
   Il en reçut un baiser amoureux ;
   Mais il dormait, & la faveur fut vaine.
   Vous me pourriez payer d'un prix plus doux,
   Et si votre bouche vermeille
Doit quelque chose aux vers que je chante pour vous ;
   N'attendez pas que je sommeille.

A MONSIEUR **,

Qui présidait à une Fête.

DAMON, aimé de tout le monde ;

A MONSIEUR **.

Vous enchantez également
Le Philosophe, l'Ignorant,
Le Galant, à perruque blonde,
Le Citoyen, le Courtisan.
En Apollon, vous êtes mon Confrere;
Maître dans l'art d'aimer, bien plus dans l'art de plaire;
Vif sans emportement, complaisant sans fadeur;
Homme d'esprit, sans être Auteur.
Vous présidez à cette fête,
Vous avez tout l'honneur de cet aimable jour;
Mes lauriers étaient faits pour ceindre votre tête,
Mais vous n'en recevez que des mains de l'Amour.

VERS POUR MADEMOISELLE SALLE.

DE tous les cœurs & du sien la maîtresse,
Elle allume des feux qui lui sont inconnus :
De Diane c'est la Prêtresse,
Dansant sous les traits de Vénus.

VERS AU ROI DE PRUSSE,

En lui renvoyant le Cordon de l'Ordre du Mérite & la Clef de Chambellan.

JE le reçus avec tendresse,
Je vous le rends avec douleur;
Comme un amant, dans sa fureur,
Rend le portrait de sa Maîtresse.

A MADAME DE **.

Ainsi donc vous réunissez
Tous les Arts, tous les goûts, tous les talens de plaire,
***, vous embellissez
La Cour, le Parnasse & Cythere.
Charme de tous les cœurs, Trésor d'un seul mortel,
Qu'un sort si beau soit éternel.
Que vos jours précieux soient comptés par des fêtes,
Que de nouveaux succès marquent ceux de **.
Soyez tous deux sans ennemis,
Et gardez tous deux vos conquêtes.

ÉPIGRAMME CONTRE D**.

Danc* si méprisé jadis,
Fait voir aux pauvres de génie
Qu'on peut gagner l'Académie,
Comme on gagne le Paradis.

ÉPIGRAMME CONTRE UN POETE.

Connaissez-vous certain Rimeur obscur,
Sec & guindé, toujours froid, toujours dur,
Ayant la rage, & non l'art de médire,
Qui ne peut plaire & peut encor moins nuire.

EPIGRAMME.

Pour ses méfaits dans la geole encagé,
A Saint Lazare, après ce fustigé,
Chassé, battu, détesté pour ses crimes,
Honni, berné, conspué pour ses rimes,
Cocu, content, parlant toujours de soi ?
Chacun s'écrie, eh ! c'est le Poëte R..

EPIGRAMME.

LA MUSE DE SAINT MICHEL.

Notre Monarque, après sa maladie,
Etait, à Metz, attaqué d'insomnie ;
Ah ! que de gens l'auraient guéri d'abord !
Le Poëte R* dans Paris versifie,
La Piéce arrive, on la lit, le ROI dort :
De Saint Michel la Muse soit benie.

FRAGMENT D'UNE ODE.

Loin d'ici ce discours vulgaire,
Qui dit que l'esprit dégénere,
Que tout change & que tout finit :
La Nature est inépuisable,
Et le travail infatigable
Est le Dieu qui la rajeunit.

ÉPIGRAMME
ADRESSÉE A L'ABBÉ DE CHAULIEU.

CHER Abbé, je vous remercie
Des Vers que vous m'avez prêtés,
A leurs ennuyeuses beautés
J'ai reconnu l'A ***
La *Mothe* n'écrit pas fort bien.
Vos Vers m'ont servi d'antidote
Contre ce froid Rhétoricien ;
Danchet écrit comme la *Mothe*,
Mais sur-tout n'en dites rien.

VERS
A MADAME DU BOCCAGE,
Lors de son départ pour Rome.

ALLEZ au Capitole, allez, raportez-nous
Les myrtes de Pétrarque & les lauriers du Tasse :
Si tous deux revivaient, ils chanteraient pour vous,
Et voyant vos beaux yeux & votre Poésie,
   Tous deux mourraient à vos genoux
Ou d'amour ou de jalousie.

SENTIMENS
D'UN
SPECTATEUR,
AVEC DES
LETTRES APOLOGÉTIQUES
ET CRITIQUES
SUR LA
TRAGÉDIE
DE
MAHOMET I.

Tome III.e II.e partie.

MAHOMET.

SENTIMENS
D'UN
SPECTATEUR,
SUR LA
TRAGÉDIE DE MAHOMET I.

AOUST 1742.

E me suis rendu au Spectacle avec cét esprit d'inférence & de liberté, qu'aucun motif, qu'aucune passion ne préviennent & n'abusent. Le nom de *Mahomet Premier*, que je vis afficher, ne fut pour moi qu'un nom. Je ne voulus y attacher aucune idée ; je voulus oublier son Histoire, & ne le connaître que par les traits dont on auroit jugé à propos de le peindre. Le nom de l'Auteur ne m'en imposa point davantage ; je ne le connais que par sa réputa-

tion & par ses Ouvrages; j'écartai le souvenir qui m'en restoit; je crûs devoir détacher entiérement sa nouvelle Piéce de toutes celles qui l'avoient précédée, la considérer à part, & m'occuper uniquement des sentimens qu'il y auroit répandus, des passions qu'il y exciteroit, de l'ordre qu'il y auroit donné, sans chercher à le retrouver lui-même, sans vouloir confondre l'Homme avec l'Auteur, ou l'Auteur avec les Personnages.

Mon cœur étoit absolument tranquile; il atendoit l'impression qu'il devoit recevoir, & le sentiment qui le remueroit. Je suis même assez accoûtumé au jeu des Acteurs pour n'en être point ébloüi, & j'osai me flâter de me dérober à ce prestige.

Mon sentiment a donc été mon unique guide. C'est lui que j'écris: je chercherai peut-être à l'éclaircir par mes réflexions. Il est très-possible que je me sois trompé; mais voilà du moins ce que j'ai senti.

PREMIER ACTE.

La Scène s'ouvre; mais je ne sais point quel en est le lieu; la décoration devroit le marquer; je devrois voir si c'est un Palais, une Place publique, ou quelqu'autre endroit. Ce défaut apartient peut-être plus à notre Théâtre qu'au Poëte.

Deux

Deux Personnages paraissent ; l'un vient exposer à l'autre qu'*Omar* est aux portes de la Mecque, & demande à y être introduit. (*La Mecque sera donc en général le lieu de la Scène.*)

Il porte dans ses mains le glaive & l'olivier.

L'Armée de Mahomet est voisine ; la Mecque est menacée ; la Patrie est en danger ; Mahomet est un conquérant, qui, pour des raisons de politique, veut obtenir par la négociation, ce qu'il peut arracher par la force des armes. Il demande à être reçû dans la Ville ; il redemande une jeune Beauté que le Chérif, ou le Chef du Sénat de la Mecque tient sous sa puissance. Quelles sont les résolutions du Chérif ? C'est sa réponse que *Phanore* atend ; il essaïe même de la dicter, en expliquant ce qu'il pense lui-même.

Ce personnage n'est point un Confident ridicule, le dépositaire inutile d'un secret qu'il doit savoir, ou le second personnage d'un dialogue, qui n'écoute ou ne parle que par maniére d'entretien. Il annonce au contraire l'action par une sorte d'intérêt qu'il y prend. La réponse de *Zopyre* acheve d'éclaircir l'exposition du sujet. Zopyre est connu par les sentimens qu'il exprime, & qu'il doit découvrir ici, & qu'il ne devoit découvrir qu'ici. Il est grand, il est noble, il est ferme. Citoïen vertueux & zèlé Sénateur, religieux & iné-

F 3 bran-

branlable dans fa Secte, il est l'ennemi de Mahomet par prudence, parce que les caufes de leur inimitié font trop fortes, parce qu'il l'a trop offenfé. Il l'a autrefois fait chaffer de la Mecque avec ignominie ; il a tué le fils de Mahomet dans un combat. Il eft fon ennemi par religion, parce qu'il eft l'ennemi du crime, & parce qu'il le connaît trop. Interreffé par conféquent à s'opofer à la réception de Mahomet, il céde au moins à des raifons qui l'engagent à écouter Omar. Pere malheureux, tendre & fenfible, il a perdu des enfans, dont le fouvenir le déchire encore ; il lui femble avoir retrouvé fa fille dans la jeune *Palmyre* qu'on vient redemander ; il lui femble éprouver avec elle le bonheur & la douceur d'être pere. Intéreffé par conféquent à ne point la rendre, il voudroit l'engager elle-même à ne vouloir pas être rendue. Cette opofition directe aux deffeins de Mahomet, fondée fur les intérêts les plus puiffans, m'annonce fans doute un nœud d'action merveilleux.

Phanore quitte la Scène pour aller exécuter les ordres de Zopyre ; Palmyre arrive. Je ne me fouviens point des raifons qui l'y amenent ; mais je me fouviens que je l'y atendois. Enlevée à Mahomet dans une rencontre, elle eft la captive de Zopyre ; elle a fenti pour Zopyre un penchant fecret & inconnu, qu'elle a pris pour des mouvemens
d'efti-

d'eſtime, de reſpect, de bienveillance ; les bons traitemens qu'elle en a reçûs, ont ſervi à rendre ce penchant plus fort, ou plus décidé ; il voudroit ſe l'atacher entiérement, mais c'en eſt trop, rien ne pourra l'empêcher de regreter le Camp de Mahomet ; c'eſt par lui qu'elle a été enlevée : elle ne connaît point ſa naiſſance ; mais elle ne lui a jamais fait éprouver que les ſoins, que les bontés d'un pere. La reconnaiſſance, le reſpect, la vénération, la piété, la tendreſſe, tout l'enchaîne à lui. Il eſt peut-être pour elle un lien plus puiſſant encore. L'amour (car elle doit cette confiance à la généroſité de Zopyre. Un cœur ſenſible laiſſe volontiers éclater une paſſion innocente.) L'amour l'a fixée au parti de Mahomet. Zopyre qui croit que Mahomet en eſt l'objet, n'en fait que plus d'éforts pour la déſabuſer, pour la détromper des ſéductions de ſon Prophête. La douce ſenſibilité, la tendre compaſſion eſt ſon langage, & déguiſe preſque la haine, mais Palmyre ne lui répond plus qu'avec une ſurpriſe reſpectueuſe, qu'avec une ſainte horreur. Ainſi Zopyre vient de recevoir une premiére ataque.

Introduit dans la Mecque par Phanore, Omar arrive Miniſtre de Mahomet, ſon ami, ſon ſecond ; il annonce par ſa fierté la Majeſté de ſon Maître. Il répand dans ſes diſcours la hauteur & l'orgueil.

Notre ame est superbe, elle aime tout ce qui l'éleve; & un caractère tel que celui d'Omar porte avec lui un sublime qui la flâte.

Il cherche également à étonner Zopyre, & à le gagner, à faire trembler sa haine, ou à la dissiper. Zopyre intrépide, lorsqu'Omar est menaçant; plus solide, lorsqu'Omar est plus vif & plus impétueux, cherche à l'ébranler lui-même, à le détacher de Mahoment, à l'atirer: leur ton est différent; l'un est pompeux, & l'autre est noble, ce sont deux genres d'éloquence peut-être également admirables.

Tous deux peignent Mahomet sous des traits divers; ainsi Mahomet est déja caractérisé. Son histoire est même faite jusqu'au tems dont il s'agit. C'est un trait de plus pour moi, on a eu l'atention de plaire à ma curiosité. Zopyre est assez grand, assez juste, pour convenir des éloges que Mahomet a mérités; c'est de Mahomet son ennemi qu'il dit:

S'il étoit vertueux, c'est un Héros peut-être!

Expression que la froide Grammaire peut critiquer, mais que la Poësie adopte pour s'orner & pour s'embellir.

Le Chérif & le Lieutenant du Prophête ne deviennent que plus irrités; Omar court vers le peuple pour l'entraîner au parti de Mahomet; Zopyre y court pour le retenir.

J'ai

J'ai senti ces mouvemens, que la noblesse & la fierté font naître dans l'ame, & que l'ame reçoit avec plaisir. J'ai éprouvé avec agrément cette lumiére, cette clarté qu'une prompte & heureuse exposition du sujet produit. J'ai été bien aise qu'on satisfît ma vivacité & mon impatience, en faisant marcher l'action le plus rapidement qu'il se pourroit, & je commence à m'intéresser.

DEUXIE'ME ACTE.

Mon ame a été élevée, & elle est ramenée à une émotion plus douce. L'Amant de Palmyre, Seyde paraît sur la Scène avec elle, je n'ignore point les raisons qui l'aménent. Il brûloit du desir de revoir Palmyre; il s'est rendu lui-même l'ôtage de la négociation d'Omar; ôtage vraisemblablement nécessaire, puisqu'il pouvoit être à craindre aparemment qu'Omar étant entré dans la Mecque, il n'essaïa de séduire le Peuple, d'arracher par force Palmyre de sa prison, puisqu'il falloit des suretés qui confirmassent à Zopyre que l'ennemi qu'il reçoit dans ses murailles en veut agir avec lui de bonne-foi : ôtage qui par le différend qui vient de naître entre Omar & Zopyre, a beaucoup à craindre pour lui-même, qui est un personnage nécessaire à l'action, & qui paraît ici dans sa véritable place.

F 5   La

La tendresse innocente, l'ingénuité d'un cœur pur sont sur les lévres de Seyde, il s'insinue dans le mien; Palmyre en devient plus touchante, & Seyde me touche comme elle; je les confonds dans mon cœur. Leur âge, leurs intérêts, leurs sentimens, leurs pensées, leur éducation, leur sort, tout se ressemble en eux, & j'aime ce parfait raport : ce sera le même intérêt qu'ils me feront éprouver tous deux. Palmyre verse son ame dans le sein de Seyde; elle y répand sa douleur, ses regrets, ses inquiétudes, ses vœux, ses craintes, ses allarmes. Zopyre l'a fait frémir, il a méprisé son Pontife, il en est l'ennemi, il allarme son amour. Que va devenir Seyde après la nouvelle dissension qui vient d'éclore ? Seyde cherche tendrement à la rassurer; ils espérent tout de l'habileté d'Omar, & plus encore de la suprême puissance du Prophête.

Omar vient annoncer son arrivée, c'est-là qu'il doit reparaître. Il doit leur confier ses succès, ses espérances, & les éfets qu'il vient d'opérer sur le Peuple de la Mecque; les dispositions où il l'a mis de recevoir le Prophête; dispositions qui rendent son arrivée & vraisemblable & nécessaire.

Mahomet paraît, il s'avance; il éface, & la noblesse de Zopyre, & la fierté d'Omar; il est majestueux; c'est-là le premier trait qui le distingue, les autres se développeront sans doute

doute à leur tour. Mécontent de rencontrer Seyde, il le défaprouve : Seyde tremblant, lui dit qu'il n'a cru que prévenir fon ordre. Mahomet lui répond :

Il eut fallu l'atendre.

Palmyre eft allarmée pour Seyde, Mahomet diffimulé n'a pour elle que le ton d'un Dieu qui la protége. Il les écarte, ainfi que fa fuite. Il refte avec Omar ; il lui aprend que Seyde eft fon rival, fecret qu'il ignore, confidence néceffaire & placée dans le moment précis qui lui convient ; puifqu'il faut juftifier aux yeux d'Omar la façon dont il a traité Seyde, lui aprendre la caufe des mouvemens qu'il a pu remarquer en lui aux difcours de Palmyre ; caufe qu'il n'avouë qu'avec une efpéce de honte, & qu'il ne devoit par conféquent pas déclarer plûtôt ; puifqu'il faut l'inftruire enfin de toutes les raifons qui le conduifent à propofer la paix, & de tous les moïens qui leur reftent à emploïer. L'amour de Mahomet eft une faibleffe de l'humanité, parce qu'enfin Mahomet eft homme ; mais il n'eft point le premier reffort de fon ame, le principe de fes actions. Son amour eft violent, parce que Mahomet eft trop grand pour que toutes fes paffions ne foient pas vives : mais cet amour eft fubordonné à l'ambition, parce que Mahomet eft trop grand pour être l'efclave de l'amour. Il tient, au reste, entre ses mains le secret de la naissance de Seyde & de Palmyre ; leur fortune dépend entiérement de lui. Palmyre recevra avec obéissance la main qu'il lui destine ; Seyde servira d'instrument à l'accomplissement de ses projets, ou à sa vengeance. L'intérêt actuel est de gagner Zopyre.

Zopyre paraît résolu, puisqu'il le faut enfin, d'avoir un entretien avec Mahomet. Cette situation excite ma curiosité, la rencontre de deux principaux personnages promet de grands mouvemens, ils ne doivent avoir rien de commun à se dire. Quelle forme Mahomet va-t'il prendre ? Le masque avec lequel il trompe le vulgaire n'est point fait pour Zopyre. Il faut que Mahomet soit sincére ; & il l'est en éfet.

Je suis ambitieux, tout homme l'est sans doute, lui dit-il, & il lui explique ses vastes desseins ; c'est à l'Empire de l'Univers qu'il prétend ; c'est au partage de cet Empire qu'il apelle le Chérif. Il connaît les hommes & tous les ressorts qui les font mouvoir, & qui les gouvernent. Il a sur eux le droit qu'un génie supérieur a sur des esprits faibles. Il sait mettre à profit leurs préjugés & leurs erreurs. La rapidité de ses premiers succès l'assure de ceux qui doivent les suivre. La fortune des Peuples,

ples, le fort des Etats, les révolutions des Empires font retracées aux yeux du Chérif. Le tems d'illuftrer l'Arabie eft enfin arrivé.

Voilà donc Mahomet ! Un ambitieux, qui a conçu les plus vaftes deffeins ; un politique, qui a autant de génie & de profondeur que d'éloquence & d'audace ; un impofteur redoutable, qui réunit l'artifice à la force, & la valeur à la fcélérateffe ; un homme extraordinaire, unique, prodigieux. Il eft trop éclatant pour ne pas furprendre notre imagination, l'échaufer, la ravir, la tranfporter.

La voix de l'ambition, foutenue par la plus fublime & la plus rapide éloquence, ne peut peut rien fur Zopyre. Il faut donc effaïer d'autres moïens. Il faut lui faire fentir que le parti qu'on lui propofe eft l'unique qu'il ait à prendre, & qu'il n'eft pas le maître du choix. Il faut lui dire :

Il eſt un Dieu puiſſant, & toujours écouté,
Qui te parle avec moi :

Qui ?

La néceſſité,

Ton intérêt.

Et fi ce moïen ne réuffit pas enfin auprès d'une ame ferme ; il faut pour ébranler le Héros, tenter la tendreffe du pere & lui promettre de lui rendre des enfans qu'il regrette &
qu'on

qu'on tient en son pouvoir. Zopyre en éfet est ému, il paraît se défier seulement de la promesse de Mahomet, il lui dit:

Tu prétens me tromper,

Je n'en ai pas besoin ;

C'est le faible qui trompe, & le puissant commande,

répond Mahomet ; mais si le pere a balancé quelque-tems le Héros, la tendresse céde à la vertu. Le Héros éclipse le pere. Ses intérêts les plus chers sont ceux de sa Religion & de sa Patrie ; il leur sacrifie tout le reste, jusqu'à ses propres enfans.

Et s'il faut de ma main les immoler tous,

Connais-moi, Mahomet, mon choix n'est pas douteux.

C'est ainsi qu'il s'exprime, & Mahomet furieux va emploïer contre lui

Et la Religion à qui tout est soumis,

Et la nécessité par qui tout est permis.

Si la hardiesse des figures, la magnificence des idées, l'impétuosité du raisonnement, l'éclat & la pompe de la diction pouvoient remplacer la rapidité de l'action ; ce second Acte ne laisseroit aparemment rien à désirer : mais tandis que l'imagination est enchantée, le sentiment s'est réfroidi. Il me fait apercevoir de quelque ralentissement dans l'action,

&

& il me semble qu'en éfet elle est à peu près au même état qu'au premier Acte, & que la dernière Scène des deux Actes se ressemble peut-être un peut trop.

TROISIEME ACTE.

Les deux ennemis sont plus irréconciliables que jamais : il faut en venir aux résolutions les plus violentes. La vie de Mahomet est en danger. C'est ce que lui fait observer Omar, & il faut se mettre à couvert par la perte de Zopyre. Sa mort est concertée entr'eux, la main de Seyde est choisie pour l'attentat ; c'est la plus propre le à commettre. La témérité de la jeunesse, son respect aveugle pour les ordres de Mahomet, la facilité qu'il a d'aprocher de Zopyre, sont les raisons qui engagent Omar à le proposer. Un serment afreux qu'on l'obligera de prononcer, répondra de l'exécution. Le crime sera enséveli dans un secret éternel. On le représentera aux yeux du Peuple, comme un coup de la vengeance du Ciel, & par un trait de la plus fourbe politique ; Mahomet en recherchera le meurtrier, & le fera périr, sous prétexte de punir le meurtre. Ainsi l'ambition & la haine détruiront un ennemi ; ainsi l'amour perdra un rival ; ainsi Mahomet arrivera au but qu'il se propose.

Je

Je ne me souviens point assez de l'ordre & de l'arrangement des Scènes de ce troisième Acte ; je sais seulement que Seyde aprend avec une joïe modeste que le Ciel a bien voulu le choisir pour détruire un ennemi de sa Religion & de son Prophête ; il croit que c'est par les loix de la vertu & de l'honneur qu'il va combattre ; il témoigne l'ardeur d'un jeune courage ; il atend avec empressement que Mahomet prononce ; mais il recule d'horreur à l'aspect d'un assasinat, au nom de Zopyre. Son respect inviolable, son obéïssance aveugle pour le Législateur balancent pour la premiére fois. La vertu naturelle combat la force de la superstition. Toute l'éloquence de Mahomet est déploïée ainsi que toute sa scélératesse. Elle est foudroïante ; elle m'étonne sans doute, & me procure le plaisir d'être étonné, mais elle n'est point dangereuse pour ma raison. Lorsqu'elle fait trembler Seyde, elle ne fait que m'épouventer, elle m'aprend combien un scélérat habile & profond pourroit être redoutable ; par quels afreux détours il peut chercher à obscurcir dans nos cœurs cette premiére loi que Dieu y grava lui-même & qui ne peut s'éfacer ; & j'aprendrai sans doute par l'exemple de Seyde, combien la voix de la conscience a de force, combien il est dangereux de ne la point écouter, & dans quels afreux excès la faiblesse, l'ignorance

rance & le fanatifme peuvent précipiter. L'idée du crime éfraïe la vertu ; les fuites du crime ferviront fans doute à l'affermir : & je fentirai la vérité de ce que dit Mahomet de lui-même dans un autre fens ; que

Quiconque ofe penfer n'eft pas fait pour le croire.

Mais Mahomet n'a-t'il point tort de joindre aux armes de la Religion qui doivent terraffer Seyde, l'intérêt de fa paffion, en lui infinuant que la poffeffion de Palmyre devoit être fa récompenfe ? Il me femble qu'il eft permis à Mahomet de promettre un bien temporel, pour le prix d'une action qu'il commande au nom du Ciel. Ce prix n'en eft point le principe, c'en eft le fruit. Le zèle de la Religion mal entendu fait le fanatifme ; mais la paffion particuliére difpofe à entendre mal la Religion, & Mahomet met tout à profit.

Je me fouviens que Palmyre paraît dans cet Acte, quoique je ne puiffe en déterminer le véritable endroit, fi ce n'eft ici qu'elle furvient & qu'elle voit les reftes de la colére du Prophête. Je fai qu'elle m'y a fait éprouver toutes les émotions qu'elle reffent, je fai que j'ai partagé fon trouble, que je l'ai vue inquiétée, allarmée par fa tendreffe, trembler pour Seyde, recourir à Mahomet, lui crier fans qu'elle fut ce qu'elle a à craindre,

Seigneur, fauvez Seyde.

Que

Que j'ai vu en elle tous les mouvemens de la passion, saisis avec la finesse la plus pénétrante, exprimés avec une délicatesse extrême. Elle répétoit sans cesse le nom de Seyde. Elle ramenoit tout à Seyde ; elle n'imploroit que pour Seyde, les bontés de Mahomet ; elle répond de son cœur, de son atachement, de sa fidélité :

J'en jure par l'amour que je ressens pour lui,

dit-elle. Quelle situation pour Mahomet ! que j'aime à voir sa punition commencer par le bonheur de son Rival ; que j'aime à pénétrer le tourment intérieur qu'il éprouve, & qu'il cherche à déguiser sur son front ! mais le scélérat est trop profond & trop habile pour n'en pas tirer parti ; il calme Palmyre, il la rassure avec ce masque de Majesté qui en impose toûjours ; il réglera ses destins avec ceux de l'Univers. Les traits de sa prétendue bonté sont rehaussés par l'éclat de sa grandeur, ils n'en sont que plus puissans, ils n'en ont que plus de force sur Seyde. Vertueux & tendre, l'amour & la reconnoissance plus rapides que la puissance des raisons, achevent de déterminer Seyde à obéir ; il est encore combatu, mais il l'est plus faiblement ; il hésite encore, mais il n'est plus rebelle, la voix de la conscience qu'il entend encore, est étoufée par celle des autres passions, il ne peut la distinguer.

guer. Mahomet va être obéï ; mais Zopyre paraît ; c'eſt Seyde même qu'il cherche, Seyde ſon ôtage qui devoit lui répondre d'une négociation tranquile & ſur qui il pourroit ſe vanger de la perfidie de Mahomet. Mais non ; il ne ſent pour lui qu'une tendre amitié, ſon caractére n'eſt point cruel. En eſt-il un aſſez exécrable pour ſe plaire à répandre le ſang, ſi ce n'eſt Mahomet ? (car une Lettre qu'il reçoit ſemble lui donner avis de quelque attentat que Mahomet médite) Seyde voudroit-il partager ſes crimes ? Eſt-il fait pour ſervir un pareil Maître ? Les diſcours de Zopyre portent dans l'ame de Seyde le trouble & le déſordre. Seroit-ce donc lui qui verſeroit le ſang d'un homme qui épargne le ſien ? Il ſeroit donc ce caractère exécrable qui fait tant d'horreur à Zopyre ? Il enfonceroit donc le poignard dans ce cœur généreux qui le chérit ? Il eſt pénétré, atendri, tourmenté ; il va peut-être ſe jetter aux genoux de Zopyre, ſe découvrir à lui & lui demander grace. Mais Omar, chargé de veiller ſur Seyde, vient l'arracher à Zopyre & à ſon propre trouble :

Traître, que faites-vous ? Mahomet vous atend.

Ce mot a fait trembler Seyde, & tout reſte ſuſpendu. Mon ame l'eſt auſſi ; les plus grands objets me ſont préſentés, les plus grandes paſſions ſont miſes en œuvre ; elles ſont dé-

décrites, elles sont ménagées avec toute la force & toute la finesse de l'art, le trouble n'a fait que croître de Scène en Scène, & je suis agité de l'intérêt le plus vif.

QUATRIEME ACTE.

Seyde paraît. Sans doute que Mahomet & Omar ont diminué l'impression que Zopyre lui avoit causée, quelques instans seul avec lui-même,

Il nage dans un flux de contrariétés
Qui pousse & qui retient ses faibles volontés.

Son respect pour Mahomet l'empêche de se défier de ses arrêts; il n'ose douter que le Ciel n'ait parlé par sa bouche, mais il ne comprend pas les décrets du Ciel; il est persuadé de la révélation, mais il est épouventé du mystère. Ses idées veulent étoufer ses sentimens ; ses sentimens veulent renverser ses idées. Il s'agit pour lui d'être perfide, inhumain, barbare; voilà ce qu'il sent : il s'agit pour lui d'être obéissant, fidèle, religieux ; voilà ce qu'il conçoit. Palmyre qu'il atend & qui survient, partage son état & son trouble. Non, Seyde ne peut se déterminer par lui-même. Non, Palmyre ne peut l'éclairer ; un nuage impénétrable ofusque leur raison, un

senti-

sentiment semblable agite leur cœur. L'image du crime se retrace avec horreur ; ils en frémissent ; l'image du Ciel se représente avec majesté, ils craignent. L'incertitude déchire, la situation est violente, la raison est obscurcie ; c'est la passion qui doit décider. Palmyre est le prix du crime, Palmyre si chére à Seyde en doit être la récompense ; l'innocence de Palmyre, la pureté de son cœur, la rendront l'interprète du Ciel ; qu'elle parle, & ce sera pour Seyde un nouvel oracle : mais elle soupire, elle hésite, sa voix est entrecoupée, elle expire sur sa bouche ; ce n'est point un sentiment ; c'est un doute.

Si le Ciel a parlé... tu dois suivre ses loix.
Tu l'as voulu, le Ciel s'explique par ta voix.

C'est la réponse de Seyde, c'est le mouvement précipité d'un cœur qui se dégage de l'embarras qui l'accable ; c'est un élancement de l'ame, c'est le cri du sentiment. Palmyre le désavouë. Qu'a-t-elle dit ? Seyde veut partir ; elle le rappelle ; elle s'opose à lui, elle l'arrête, elle n'est plus entenduë.

Le mouvement naturel du cœur, lorsqu'il a été tourmenté d'un doute cruel, est de fuir ce qui pourroit l'y replonger. Quelque violent que soit le parti qu'il prenne ; il se décide enfin ; si quelque objet sensible & plus puis-

puissant que la réflexion ne le révolte encore ; & c'est ici un nouveau trait de l'art qui saisit avec finesse les plus secrets replis des passions, qui en fait agir tous les ressorts. Seyde étoit déterminé ; mais la présence de Zopyre l'arrête & le fait reculer.

Zopyre aproche de l'Autel où il a coutume d'adorer ses Dieux, & au pié duquel il doit être immolé ; il parle, Seyde & Palmire suspendus l'écoutent ; il rapelle aux piés de ses Dieux ses malheurs ; ils s'atendrissent ; il parle de ses enfans ; ce mot doit remuer leurs cœurs ; ils sont émus. Mais c'est contre Mahomet qu'il invoque ses Dieux ; c'est sa perte qu'il leur demande. Seyde, jusques-là suspendu, ne peut plus délibérer. La perte de Mahomet ! du Prophête qu'il adore ! du Bienfaicteur qu'il révére ! du seul pere qu'il connaisse & qu'il aime ! Il faut venger, il faut punir ; il marche, il court, il se précipite ; mais Seyde est vertueux, & le pouvoir secret de la vertu doit le faire trembler encore, lorsqu'il ne veut plus rien examiner. L'Autel lui paraît environné d'ombres funèbres ; l'Autel tremble ; quel est ce présage ? Mais il ne peut s'écouter lui-même ; ses idées sont trop confuses ; la plus forte & la plus rapide est celle qu'il doit suivre ; c'est d'immoler un sacrilége ; il écarte Palmyre, il s'avance ; Palmyre tremble, frissonne, gémit, & Seyde a frapé. Il revient

vient, l'horreur l'environne ; ses yeux sont égarés comme sa raison ; il ne voit plus ; il ne connaît plus Palmyre ; il n'entend plus les cris de sa tendresse. Le nom de Zopyre répété avec des sanglots vient frapper son oreille.

Quoi.... Zopyre...!

Son sentiment est éteint, son ame est anéantie ; & tel est l'éfet du désespoir ; la plus noire tristesse ofusque l'ame & l'ensévelit, elle y fermente sourdement, elle paraît s'éteindre, elle se ranime, elle s'aigrit, elle s'exhale, elle éclate, & bien-tôt l'ensévelit encore. C'est l'état successif de Seyde ; le crime est donc achevé ! L'affreuse image du crime s'offre donc à lui ! Quel spectacle d'horreur ! Il est déchiré, il est emporté, il est furieux, il est injuste, il est accablé, il est abattu ; il accuse Palmyre, il s'accuse ; en un mot, il est désespéré. Mais quel nouveau frémissement va le saisir..... Zopyre.....

C'est cet infortuné, lutant contre la mort.

Zopyre sanglant vient traîner à ses yeux les restes d'une vie qu'une main mal assurée n'a pû lui arracher entiérement. Palmyre a été éfraïée à sa vûë, mais sa pitié l'emporte ; elle vôle vers lui, elle court pour le soutenir ;

Sey-

Seyde est glacé d'horreur. Ce ne sont point des reproches que fait entendre Zopyre ; ce ne sont que de tendres plaintes.

Mais qu'annonce l'arrivée de Phanore ? Quels objets se présentent à ses regards ? Zopyre mourant, Palmyre atendrie, Seyde immobile, Seyde, son assassin ! *Malheureux Seyde ! Zopyre est votre pere !* C'est un secret qu'Hercide vient de révéler à Phanore. Chargé de leur éducation, il enleva Seyde & Palmyre dès l'enfance & passa avec eux dans le parti de Mahomet. Son retour à la Mecque, & la vûë de Zopyre a fait naître en lui des remords. Mahomet les a démêlés, il en a craint les suites ; il a fait empoisonner Hercide pour faire périr ce secret avec lui, mais Hercide en mourant a trouvé le moïen de le déclarer à Phanore.

Le meurtrier de Zopyre est donc son fils : l'Amant de Palmyre est donc son frére ! Quel coup fut jamais plus frapant ! il n'est point de reconnoissance qui ressemble à celle-là ; la situation, les circonstances, tout la rend unique, merveilleuse, admirable.

Seyde tombe aux piés de Zopyre ; toute la capacité de son ame est remplie ; il ne peut rien sentir de plus ; il ne lui reste qu'à mourir ; il redemande ce fer abominable, l'instrument de son parricide ; il veut qu'il soit plongé dans son cœur.

Percez

Percez vos assassins;

J'embrasse mes enfans,

répond tendrement Zopyre.

Pour moi, mes larmes coulent, mon opression plus vive n'a rendu ma pitié que plus touchante, je n'ai point cessé de frémir, & je pleure.... Situation délicieuse ! éfet heureux d'un art divin ! Zopyre engage ses enfans à dissimuler pour mieux échaper à la tyrannie de Mahomet, pour vanger plus facilement sa mort. Il alloit achever de les instruire lorsqu'Omar, pour exécuter le dessein perfide qui avoit été médité, survient & les trouve aux piés de Zopyre sanglant. Il ne peut soupçonner sans doute la véritable cause de l'état où il les voit, il ne l'attribue qu'à la bonté de leur cœur, qu'à leur faiblesse ou à leur pitié naturelle : il n'a aucun lieu de croire que leur destin ait pu être éclairci ; il les fait arrêter comme les assassins volontaires de Zopyre, comme des criminels que la justice de Mahomet doit punir.

CINQUIE'ME ET DERNIER ACTE.

Mon trouble a été extrême. Mon intérêt a été poussé aussi loin qu'il puisse aller, mais je suis encore bien éloigné de cette mélancolie douce où la fin de l'action doit me conduire, & qui en marque le terme. Le nouvel obstacle qui vient de s'enchaîner aux précédens doit écarter plus que jamais Mahomet de son but. La mort de Zopyre lui assurera-t'elle la soumission entière de la Ville de la Mecque ? Lui assurera-t'elle la possession de Palmyre ? Quel succès aura la nouvelle fourberie d'Omar ? Que deviendront Seyde & Palmyre, que leur malheur me rend plus chers encore, & pour qui j'éprouve la plus tendre inquiétude & les plus vives allarmes ?

Omar paraît avec Mahomet, il lui annonce la consommation du parricide; Zopyre est expiré, Seyde a été arrêté ouvertement comme son assassin, & il le suivra dans le tombeau. Un poison qu'Omar lui avoit fait prendre, lui avoit laissé le tems d'exécuter le forfait, & lui ôtera celui d'en révéler l'auteur. Omar va travailler auprès du Peuple à en tirer tout l'avantage possible. Mahomet va s'ocuper de son amour. Son ambition qui commence à être tranquile lui permet de s'y prêter; il faut préparer Palmyre à l'événement qui va paraître, il faut la tranquiliser & achever de l'abuser.

Elle vient par ses ordres, il s'explique à elle; c'est la première fois qu'il l'entretient de son amour, & c'est avec la confiance d'un ambitieux, c'est avec l'autorité d'un Maître, c'est avec la Majesté d'un Dieu. Mais Palmyre re n'est plus ce qu'elle étoit, Mahomet lui est connu. C'est un imposteur détestable, c'est le bourreau de sa famille.

Le voilà donc, grands Dieux, ce Prophête sacré,
Ce Roi que je servis, ce Dieu que j'adorai ?

Une juste fureur la transporte. Que l'Univers entier qu'il a voulu tromper ou soumettre s'arme pour son suplice ! que l'enfer dont il les épouventa, & qui sans doute existe pour ses crimes, ait encore pour lui de plus horribles tortures qu'il n'en a imaginées ! que le Ciel, dont il se joue, l'acable de ses foudres, qu'elle-même puisse de ses mains lui déchirer le flanc?

Cependant le véritable secret de la mort de Zopyre a percé. Omar vient annoncer que le Peuple désabusé par Phanore a forcé la prison de Seyde qui va paraître à leur tête. Omar rassemble sa troupe auprès de Mahomet ; Seyde s'avance avec la sienne. C'est ici que Mahomet m'étonne encore. Tandis qu'Omar est troublé & n'a recours qu'à sa valeur, Mahomet, plus brave, plus maître de lui-même, peut méditer la fourberie & l'artifice ; il cache sous une profonde dissimulation, aux yeux de ses Soldats & à ceux du Peuple, l'embarras qu'il doit éprouver. Il sera démasqué, ou il va triompher : mais sa fiére assurance doit

au moins cauſer au Peuple de la ſurpriſe & de l'admiration, le ſuſpendre & peut-être l'arrêter. Son éloquence le vaincra peut-être. Ce même Peuple n'eſt pas ſi fougueux, lorſqu'il n'a a vanger que les intérêts de ceux qui le gouvernent. Mahomet ſe prépare à le haranguer, il ſaura ménager l'éfet que l'empoiſonnement de Seyde peut produire. Mais la circonſtance lui eſt favorable. Le poiſon opére, l'habile ſcélérat profite du moment. C'eſt au Ciel qu'il s'adreſſe; c'eſt un miracle qu'il annonce. Seyde veut ſe vanger, & il s'afaiblit; il veut ſe relever, & il retombe; il pâlit, il meurt. En vain Palmyre veut faire entendre ſes cris; en vain elle veut ranimer ſon frére expirant, Mahomet tonne. La mort de Seyde a été oferte comme un coup marqué du Ciel qui ſe déclare pour ſon envoïé. L'objet ſenſible éfraïe, le Peuple eſt crédule & timide; il ne démêlera point l'impoſteur lorſqu'il redoute la puiſſance du Prophête; il tremble, il adore, il s'écarte. Palmyre déſeſpérée ſe perce du glaive que Seyde n'a pû ſoutenir, elle expire avec lui. Victimes malheureuſes & toujours atendriſſantes du perfide impoſteur qu'elles ont adoré. Mahomet n'a pû l'en empêcher, il éloigne ce qui l'environne, il n'a plus rien à craindre; il reſte ſeul avec Omar. Il a donc perdu ce qu'il aime ! lorſque ſon ambition eſt ſatisfaite, il en a donc perdu le fruit le plus
doux

doux! il a perdu cet objet plus cher peut-être à un grand cœur que sa propre vie! il l'a perdu par ses propres coups; il est en proie aux tourmens d'un amour malheureux, à l'horreur qui suit le crime!

Il est donc des remords!

Il porte au fond de lui-même sa peine & son suplice; & si l'ambition est assez forte pour les suspendre, elle ne les étoufera point; elle n'en adoucira point la rigueur; elle ne peut que les dissimuler. Il est vrai qu'il finit en disant :

Je veux régir en Dieu l'Univers prévenu :

Mon Empire est détruit si l'homme est reconnu.

Mais il n'en sera pas moins homme; c'est-à-dire, sans cesse tourmenté, sans cesse déchiré, & par conséquent sans cesse puni?

RÉFLEXIONS.

Tout scélérat doit être puni : c'est une maxime que tout le monde répéte; mais si la Tragédie n'est que la représentation de quelque événement terrible & touchant, soit que cet événement soit vrai, soit qu'il ne soit que vraisemblable; n'est-ce pas assez pour le Poëte, d'avoir su peindre ce même événement avec toutes les couleurs que demande son art? N'est-ce pas assez pour lui de réduire en

Poëme

Poëme Dramatique les actions feintes ou véritables des Princes ou des Tyrans, sans qu'il soit forcé d'altérer la vaisemblance, de détruire la vérité, de corriger la Providence qui auroit permis au crime de triompher ? Cependant cette maxime : *que le vice soit puni*, ou *que la vertu soit récompensée* (car l'un des deux éfets sûfit pour la morale); cette maxime, dis-je, me paraît plus juste & plus vraïe, par raport à la nature de notre cœur, que par raport aux raisons d'instruction sur lesquelles on l'a fondée. En éfet, si je vois en danger quelqu'un qui m'intéresse vivement ; si je le vois périr, je ne suis point satisfait, à moins que je ne sois vangé de son ennemi, ou de son meurtrier. Mais je balance souvent sur le genre de la punition; il me semble d'abord, comme à tous les hommes sans doute, que la perte de la vie est le premier but que ma haine se propose; c'est le premier mouvement : mais plus mon intérêt est vif, plus je sens que la mort & les suplices feroient des peines trop legéres pour certains scélérats qui paraissent capables de les braver ; je consens qu'on les laisse vivre, si la conservation de leur vie ne sert qu'à prolonger leur tourment. Enfin, si je suis tendre, je ne conçois pas de tourment plus afreux que celui d'avoir perdu ce que j'aime & d'en avoir été moi-même le bourreau ; si je suis religieux, c'est aux remords

mords du scélérat, c'est au Ciel que je suis porté à abandonner les soins de ma vengeance : Mahomet est-il assez puni ? ne l'est-il point assez ? le sentiment particulier en décide.

Telle est l'idée qui m'est restée de la Tragédie de Mahomet, après une seule representation que j'en ai vûë à Paris ; idée sans doute fort imparfaite & qui la dégrade. Je l'avois vûë deux fois à Lille, il y a près de deux ans. J'en écrivis même alors deux mots à un ami, & j'essaïai de lui en donner la plus legére teinture. Il prêta ma lettre, & c'est sur mon canevas qu'on a brodé celle d'un *Comédien de Lille*, qui a paru assez ridiculement quelques heures avant la representation de la Piéce, & dont quelques personnes m'ont cru faussement l'Auteur. Je ne crois point avoir le stile du brodeur, & je ne suis point revêtu du titre dont on m'honore. Je raconte ce trait, parce qu'il n'est point indifférent. J'en suis mieux fondé à dire que cette Tragédie m'a toûjours également intéressé. L'étonnement, l'admiration, la tendresse, le trouble, la terreur, la pitié, l'atendrissement m'ont émû tour-à-tour, ou plutôt presque tous ensemble, & toûjours avec cette force qui fait le plaisir de l'ame, & dont un art infini ménage les degrés. C'est ce plaisir de l'ame ; c'est ce sentiment qui décide du principal mérite de tous
les

les Poëmes, de toutes les imitations, de tous les tableaux.

Je n'ai pas pû me rapeller assez exactement tout le détail de l'Ouvrage, pour oser répondre de l'avoir traité avec la dernière exactitude ; d'avoir toûjours raporté fidèlement les véritables raisons qui amenent les Personnages sur la Scène, & qui les en font sortir, &c. Mais ce qu'il y a de sûr, ce qu'on n'oublie point, & ce qui est une vraie beauté ; c'est que chaque Personnage a son intérêt personnel, & concourt directement à l'action, & par conséquent qu'on n'y sent point cette langueur, cette impatience qui avertit du superflu & de l'Episode inutile. Ce qu'il y a de plus important, & ce qu'on n'oublie point encore, ce sont le dessein, la conduite & les autres parties essentielles, & je crois que l'exposition que j'en ai faite peut mettre en état de juger à peu près de leur régularité.

Le lieu de la Scène n'est peut-être pas assez déterminé, sans aprouver la délicatesse de quelques Critiques qui n'admettent qu'une Place publique, qu'un endroit où il soit naturel de penser que le Spectateur ait pu être admis ; il faut au moins que ce même Spectateur sache où il est, sans quoi il ignorera toûjours, sinon pourquoi les Acteurs paraissent, du moins comment ils peuvent paraître. Ici tout se passe à la Mecque ; mais dans quel

quel endroit ? Si c'eſt dans le Palais de Zopyre, comme la plûpart des circonſtances ſemblent le déſigner ; la vraiſemblance ſera peut-être altérée, pour quelques autres circonſtances qui ne peuvent guéres s'y paſſer ; & ſi ce n'eſt point dans le Palais de Zopyre, c'eſt encore pis. En éfet, Palmyre captive, Seyde qui ſert d'ôtage, n'en peuvent pas naturellement ſortir, & je ne crois pas qu'on puiſſe dire dans la circonſtance préſente qu'ils ont la Ville entiére pour priſon ; de plus, c'eſt dans ſon Palais que Zopyre eſt aſſaſſiné ; & d'un autre côté il n'eſt pas naturel que Mahomet & Omar entrent ſi facilement dans ce même Palais & y faſſent tout ce qui leur plaît. Au reſte, ce défaut d'exactitude dans l'unité de lieu eſt commun à la plûpart de nos Poëtes, & peut-être dans la ſuite n'y fera-t'on plus d'atention.

L'unité d'action eſt ſenſible. Mahomet veut être reçu & révéré, comme l'Envoïé du Ciel dans la Mecque, dont il a été autrefois chaſſé comme impoſteur, & par le même moïen recouvrer Palmyre qu'il aime & qui y eſt retenuë captive. L'ambition & l'amour, voilà ſes motifs, & ils ſe réuniſſent à un même but.

Le nœud de l'action, comme on le ſait, ce ſont les incidens qui la retardent, les obſtacles qui l'empêchent de s'acomplir & qui rendent inutiles les moïens qu'on emploïe ; il faut qu'ils naiſſent les uns des autres, qu'ils ſoient liés, enchaînés, & non pas ſeulement raprochés & ajoûtés. L'inimitié irréconciliable du Chérif de la Mecque, toûjours opoſé aux deſſeins de Mahomet, les fait naître. Il faut tâcher de le gagner par la négociation ; moïen inutile. Il faut tâcher de le perdre ; moïen que les irréſolutions de l'aſſaſſin rendent incertain. Il eſt aſſaſſiné ; moïen devenu frivole & même dangereux, par le nouvel embarras qui le ſuit néceſſairement. Voilà cette chaîne d'incidens, toûjours nouée, toujours continuée.

Le dénoûment eſt l'éfet qui réſulte du dernier obſtacle ; il eſt d'autant plus heureux, lorſque cet éfet a été en quelque ſorte inatendu, lorſqu'il cauſe quelque ſurpriſe par une circonſtance nouvelle qui change tout-à-coup la face des choſes ; lorſqu'il termine l'action d'une maniére ineſpérée ou imprévue ; ſoit qu'il rétabliſſe dans l'ame la ſatisfaction & la tranquilité, ſoit qu'il y laiſſe la mélancólie ou la triſteſſe. On peut juger ſi la mort de Seyde, celle de Palmyre, le tour qu'elle prend dans l'eſprit du Peuple, la ſingularité de l'événement qui n'a rien que de très-vraiſemblable, n'ofrent pas le dénoûment le plus heureuſement imaginé, le plûs ingénieuſement amené.

L'uni-

L'unité de tems n'a pas besoin d'être prouvée. On voit clairement que vingt-quatre heures suffisent pour l'exécution de tout ce qui s'est passé.

Les mœurs sont les sentimens des principaux Personnages, leur caractére, leurs passions. Elles doivent être grandes, nobles, élevées, extraordinaires, merveilleuses, dignes, en un mot, d'intéresser vivement, & sur-tout parfaitement soutenuës, parfaitement emploïées. Peut-être n'est-il en ce point aucun Ouvrage Dramatique qui égale celui-ci.

Une ambition démesurée, qui médite l'Empire de l'Univers, & qui, non contente de soumettre les hommes, veut s'arroger les droits de la Divinité : ambition apuïée également sur les qualités les plus brillantes & sur les vices les plus éclatans. *Caractère de Mahomet.*

Un orgueil prodigieux & capable de seconder les projets les plus vastes. *Caractère d'Omar.*

Une noblesse, une fermeté que rien ne peut faire plier, fondée sur une haine implacable, sur l'amour de la Religion & de la Patrie, sur les mouvemens inconnus d'une tendresse paternelle. *Caractère de Zopyre.*

Une vertu aimable, naturelle, douce, sincére & pure, réveillée par la voix secrette d'un sentiment ignoré, abusée par l'amour, aveuglée par le fanatisme. *Caractère de Seyde & de Palmyre.*

Voilà quelles mœurs, quels Personnages, quels Héros sont représentés : voilà ce qui forme un tableau neuf, extraordinaire, merveilleux, infiniment intéressant, juste & vrai, ou (ce qui est le même ici) vraisemblable. Car si l'on doit peindre les Héros, connus sous les traits que la Fable ou l'Histoire leur ont donnés ; il n'y a personne qui ne reconnaisse ici le portrait de Mahomet & d'Omar, rehaussé seulement, comme il devoit l'être par la hardiesse & la force du génie du Peintre & de son pinceau. Et si l'on peut donner à son gré les couleurs qu'on veut à des Héros que l'on crée & que l'on imagine ; il n'y a personne qui ne reconnaisse ici dans les autres Personnages, la beauté de l'invention, du dessein & du coloris.

Mais est-il permis d'introduire sur la Scène un scélérat tel que Mahomet ? Et pourquoi Mahomet seul auroit-il l'exclusion ? Les scélérats de moindre espéce, dont nos Tragédies sont remplies, sont peut-être plus dangereuses, parce qu'ils excitent moins d'horreur. Leurs maximes, leurs intrigues sont plus contagieuses, parce qu'elles sont plus à la portée & à l'usage des autres hommes. Dira-t'on que le mauvais succès de leurs cri-

crimes détournent ceux qui voudroient les imiter ? Ce prétendu mauvais fuccès n'eft dans la plûpart qu'un nouveau crime qu'ils ajoûtent à ceux qu'ils avoient déja commis. *Néron*, dans la Tragédie de *Britannicus*, n'effuie que la perte de l'objet qu'il aime; *Cléopâtre*, dans celle de *Rodogune*, s'empoifonne elle-même, & ne vomit, en mourant, que des imprécations : mille autre Héros fe tuent eux-mêmes dans mille autres Piéces ; & le Suicide n'eft-il pas un crime ? Mahomet par fa fcélérateffe, eft parvenu à fe rendre maître de la Mecque, & à s'y faire adorer : y aura-t'il quelqu'un qui foit tenté conféquemment de fe faire paffer pour un Envoïé du Ciel ? Mais un ambitieux ne pourroit-il pas éfaïer, comme Maximien, de fe placer fur le Trône ? Il en fera quitte, s'il ne réuffit pas, à fe paffer une épée au travers du corps, en fupofant qu'il ne fe foucie pas de la vie qu'on aura la générofité de lui ofrir. Un Confpirateur ne pourroit-il pas être animé par le fort de *Cinna*, & conter, en cas de trifte avanture, fur la clémence d'*Augufte* ? Un Tyran ne pourroit-il pas s'apuïer fur le fort d'*Athalie*, pour en croire un *Mathan*, qui lui diroit :

On le craint, tout eft examiné.
La fplendeur de fon fort doit hâter fa ruine.

Qu'im-

Qu'importe qu'au hazard un sang vil soit versé ?
Dès qu'on leur est suspect, on n'est plus innocent.

Dira-t'on que ces Tragédies, & mille autres, sont dangereuses ; cela seroit trop absurde & trop ridicule. Un scélérat donné pour ce qu'il est, n'inspire que de l'horreur ; il sert même à affermir la vertu, lorsqu'il est évident que ses maximes & ses passions conduisent manifestement au crime & aux malheurs, soit que ces malheurs retombent sur lui, soit qu'ils n'accablent que ceux qui ont suivi ses conseils. Ce sont d'ailleurs les seuls personnages qui atirent l'intérêt & la pitié qui donne l'exemple ; tels que Zopyre, Palmyre & Seyde. Leur exemple est-il pernicieux ? J'imagine au contraire que la Tragédie de Mahomet eut été capable de faire tomber le poignard des mains d'un *Jâques Clément*, & de rapeller vers leur légitime Souverain quantité de Partisans de *Cromwel*.

Mais, s'écrient quelques-uns, la doctrine de Mahomet est scandaleuse ; & quelle nouvelle doctrine prêche-t'il donc enfin ? Il nous aprend que sa Religion est l'ouvrage de l'ambition & de l'imposture ; & toutes les Histoires, à commencer par l'Histoire Ecclésiastique, ne nous l'aprennent-elles pas ? Il dit la même chose de celle de *Solon*, de *Lycurgue*, de *Numa*, de *Zoroastre*, &c. Sont-ce donc-là
des

des blasphêmes ? Tous nos Maîtres, tous nos Livres, tous nos Catéchistes, tous nos Docteurs nous en ont instruit cent fois. Il est vrai que nous ne savions pas que la Mecque étoit sacrée, parce qu'*Ibrahim* y nâquit; Ibrahim, qui, sur l'ordre de Dieu, étoit prêt à immoler son fils unique : mais nous savions que Dieu avoit parlé lui-même à Ibrahim, & qu'il ne lui avoit point fait annoncer sa volonté par la bouche de Mahomet ; & je ne vois pas le danger d'aquérir cette connoissance de plus. Il est vrai que Mahomet dit :

Périsse le Mortel assez audacieux
Pour penser par lui-même & juger par ses yeux !

Auroit-on voulu qu'il dit le contraire ? & de bonne-foi peut-on suposer dans le monde un esprit assez faux & assez gâté pour conclure de la Religion de Mahomet à la nôtre ? Et s'il en étoit un, seroit-ce la Tragédie de Mahomet qui serviroit plus à le conduire à cette extravagance, que le simple nom de Mahomet, que la vûë de l'Ambassadeur Turc, dès qu'il sait qu'un Turc n'est pas Chrétien ?

Il ne nous est défendu de penser & de juger par nous-mêmes, que par raport à ce qu'il faut croire ; mais il nous est permis de penser & d'examiner par nous-mêmes pourquoi nous

nous devons croire. La vérité de la révélation est confirmée par les preuves les plus convaincantes.

Ce qui m'étonnera toûjours, c'est que chez une Nation polie & chez qui un esprit de philosophie & de justesse paraît s'être assez généralement répandu, chez qui les talens & les Arts paraissent régner, on voie encore tous les jours la prévention qui ne regarde qu'à travers un bandeau, décider avant qu'elle ait vu, ne juger d'un Ouvrage que sur l'opinion qu'elle a prise de son Auteur, & souvent plus ridicule encore, s'éfaroucher d'un objet qui lui paraît éfraïant, lorsqu'il n'est qu'extraordinaire & merveilleux. C'est qu'on voie l'envie qui ne regarde que d'un œil louche, & la malignité qui voit d'un œil clignotant, ne chercher que les mauvais côtés, faire des parodies qui ne relevent point des fautes réelles, (car alors ce seroit l'ouvrage du goût) mais qui habillent de vraies beautés d'un air extravagant. C'est qu'on voie l'impertinence qui ne jette qu'un coup d'œil égaré, & qui croit avoir tout vu, décider avec éclat & prononcer des oracles; & la sotise qui regarde sans voir, répéter les arrêts qu'elle a entendus, souvent même se mêler à la fatuité pour déraisonner avec plus de fracas.

Je parle sans intérêt, & j'ose assurer que
je

je ne suis conduit que par l'amour de l'équité & de la raison. J'ai donné à la Tragédie de Mahomet les éloges que j'ai cru lui devoir. Mon sufrage n'est pas d'un grand prix; mais du moins j'ai exposé les raisons qui m'engageoient à le donner. Je voudrois que ceux qui lui refusent le leur, exposassent de même celles qui les engagent à le refuser. Je proteste qu'une Critique saine & éclairée qui me feroit sentir manifestement mon erreur (*), n'auroit pas moins mon aprobation, que l'Ouvrage même que je loue. Mais je serai toûjours révolté contre ceux que je ne verrai ocupés qu'à dégrader les talens. Je suis irrité, par exemple, que quelqu'un ait dit au Public, que la Tragédie dont il s'agit *avoit été siflée à Lille, dès sa première representation*. Peut-on se faire un jeu de la calomnie, quelque legére qu'elle soit ?

Peut-être, à tout ce que je viens d'ajoûter ici, me prendra-t'on pour un Auteur, & même pour un Auteur disgracié, qui se console en se plaignant. Qu'y faire ? Tout ce que j'ai à dire, c'est que je ne suis point Auteur.

(*) Voïez la Lettre d'un Comédien de Lille à Mr. de Voltaire, *pag.* 167. & la suivante, qui est la derniére, d'un Anonyme, au même, de 1742. *pag.* 179.

Nota.

Nota. *L'Auteur de cet Ecrit ingénieux auroit souhaité faire ses Réflexions sur la Tragédie imprimée de Mahomet. Mais ce n'est que depuis quelques jours qu'on en débite deux éditions. Le Lecteur voudra bien se souvenir qu'il échape ordinairement à la mémoire quelques traits particuliers d'une Piéce qu'on voit représenter & qu'on n'a point luë. C'est dans ce point de vuë qu'il faut considérer les sentimens de notre Spectateur.*

LETTRE

LETTRE
ÉCRITE
A M. LE COMTE ***,
AU SUJET DE LA
TRAGÉDIE
DE MAHOMET I,
DE M. DE VOLTAIRE.

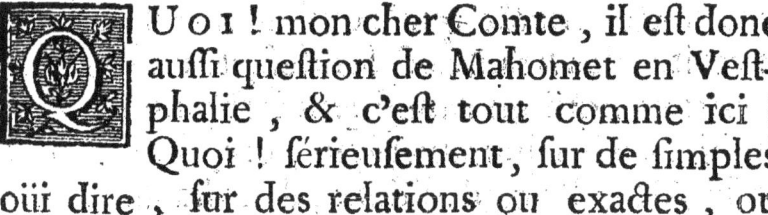Uoi ! mon cher Comte, il est donc aussi question de Mahomet en Westphalie, & c'est tout comme ici ? Quoi ! sérieusement, sur de simples oüi dire, sur des relations ou exactes, ou peu fidèles (car je ne les connais pas) cette Tragédie a trouvé le secret de mettre de la division dans votre armée, & c'est à moi que vous demandez conseil, pour prendre parti
entre

entre ſes zélés partiſans, ou parmi ſes ennemis déclarés ?

Vous m'embarraſſeriez étrangement, ſi les avis que vous me demandez devoient être confiés à tout autre qu'à vous ; ils me feroient à coup ſûr une afaire, ou avec les gens de goût qui ont penſé ſur cette Piece comme un grand Miniſtre en avoit penſé lui-même, ou avec les clabaudeurs, dont la baſſe, mais artificieuſe jalouſie, eſt venue à bout de ſurprendre & d'intéreſſer la religion d'un des plus équitables & des plus ſages Magiſtrats du Roïaume.

Vous le ſavez, mon cher Comte, dans ce Païs-ci ſur-tout, pour la plus grande partie des gens qui ſont à portée, ou qui ſe croient en droit de juger ces ſortes d'ouvrages, il n'y a point de milieu ; tout eſt admirable, ou tout eſt déteſtable : il eſt bien peu de ces gens ſenſés, qui, avant de porter leurs jugemens ſur ces productions de l'eſprit humain, peſent, ſans autre intérêt que celui de la juſtice & de la vérité, les beautés & les défauts qui s'y rencontrent, qui en examinent ſcrupuleuſement l'utilité ou les inconvéniens, & qui ſe ſervent enfin, dans leurs déciſions, de la balance d'une juſte critique.

Voilà avec qui vous auriez penſé, ſi, comme nous, vous aviez été à portée de voir les repréſentations de cette fameuſe Tragédie. Mais

Mais ce jugement équitable, je ne fuis pas affez vain pour me flater de l'avoir portée moi-même; ainfi je ne vous parlerai de Mahomet qu'hiftoriquement; & s'il m'échape quelque réflexion, ou quelque aveu de mon fentiment particulier, foïez bien averti que je n'ai pas la moindre prétention fur la liberté de vos penfées.

Mahomet a donc été joüé, & généralement aplaudi par fentiment, condamné par ignorance, & décrié par jaloufie.

Le croiriez-vous ? j'ai vû de ces peftes de la fociété, malheureufement pour eux, trop connus pour faire gloire de leur incrédulité, crier à l'impiété & fe fcandalifer que Mahomet ne prêchât pas les maximes de l'Evangile. J'ai vû de petits Auteurs, auffi méprifés que leurs Ouvrages, condamner au feu, de leur autorité, l'Auteur, la Piéce, les Comédiens, le Parterre & les Loges; celui-ci, pour avoir fait, ceux-là, pour avoir joüé, & les autres enfin pour avoir vû & aplaudi Mahomet. J'ai vû la foule, des fots s'entend, car c'eft toûjours le plus grand nombre, adopter & répéter au hazard des fentences fi refpectables. Dès-là, mon cher Comte, vous croïez Mahomet tombé à la premiére Repréfentation, point du tout, ces clabaudeurs y revenoient en foule, ils y étoient pénétrés, ils y frémiffoient; & pour mettre le comble au contrafte

de

de leurs déclamations & de leur conduite, ils n'ont cessé de redemander, à grands cris, cette Tragédie, depuis qu'on a jugé à propos de la retirer du Théâtre.

Voici quelque chose d'assez plaisant. On donna Polieucte à la place de Mahomet ; un homme d'esprit de nos amis dit que c'étoit une espéce d'amande-honorable que le Théâtre faisoit au Public : mais vous allez être bien édifié. Ces zélés, qui avoient tant fait de bruit sur l'impiété de Mahomet, n'aplaudirent de toute la Tragédie de Polieucte, que cette afreuse imprécation contre les Chrétiens, que Corneille a mise dans la bouche de Stratonice au troisième Acte de sa Tragédie.

Ce n'est plus cet époux si charmant à vos yeux,
C'est l'ennemi commun des hommes & des Dieux,
Un méchant, un infâme, un rebelle, un perfide,
Un traître, un scélérat, un lâche, un parricide,
Une peste exécrable à tous les gens de bien,
Un sacrilége impie ; en un mot, un Chrétien.

Et cet autre endroit du Rôle de Sévère, où il dit :

J'aprouve cependant que chacun ait ses Dieux,
Qu'il les serve à sa mode......

Si l'on eut joüé Athalie, ils auroient sans doute

doute aplaudi l'apoſtaſie de Mathan & la con-
feſſion de ſon confident, lorſqu'il parle ainſi :

Pour moi, vous le ſavez, deſcendu d'Iſmaël,
Je ne ſers ni Baal, ni le Dieu d'Iſraël.

A-t'on jamais manqué d'aplaudir à ces Vers de la Tragédie d'Electre qui ſont dans la bouche de Palaméde, & cet aplaudiſſement eſt-il jamais parti que d'une comparaiſon odieuſe, & qui dévroit, ce me ſemble, choquer la délicateſſe des auſtéres critiques de Mahomet ? Jugez-en, mon cher Comte.

Vous ſavez, ſur les fils, ſi l'on pourſuit les peres ;
Songez, ſi le ſuplice en doit être odieux,
Que c'eſt du moins punir à l'exemple des Dieux.

Voilà le Public; mais il faut tâcher de vous mettre en état de juger s'il a eu raiſon dans les différens jugemens qu'il a portés pour & contre Mahomet.

Je ne vous parlerai, ni de la conduite de cette Tragédie, ni de l'intérêt qu'elle a dû faire naître : vous avez vû, me dites-vous, la *Lettre du Comédien de Lille*; dès-lors vous êtes inſtruit de la marche de cette Piéce, & même des différentes ſituations qu'elle préſente aux Spectateurs : il ne vous manque que d'avoir pû juger par vous-même de l'éfet qu'elles devoient faire

Pour

Pour la Poëtique, il me semble qu'on est assez généralement d'accord que M. de Voltaire n'a guéres écrit de Tragédies mieux que celle-ci, ni avec plus de force & d'imagination. La Poësie en est exacte & nerveuse; les images nobles & toûjours tirées de son sujet: ainsi il y a aparence qu'on n'a prétendu attaquer son Mahomet que par le fonds.

Quel est donc le plan de M. de Voltaire dans cette Tragédie? c'est, si je ne me trompe, de faire voir que l'ambition désordonnée, & que le fanatisme, ou le faux-zèle, sont capables de porter les hommes à tout ce qu'on peut imaginer de plus atroce.

Dans le Personnage de Mahomet, on vous présente un scélérat du premier ordre, qui, sous le prétexte spécieux d'abolir l'Idolâtrie & de faire reconnaître le vrai Dieu, cherche en quelque façon à se diviniser soi-même, qui ne craint point d'emploïer l'artifice, l'illusion, le meurtre, les empoisonnemens, l'inceste & le parricide, pour faire réussir ses ambitieux projets. M. de Voltaire ne se contente pas de peindre Mahomet avec de si odieuses couleurs, pour que personne ne puisse y être trompé; il fait quelque chose de plus encore: par un de ces coups de maître, qui n'apartiennent qu'aux grands génies, il le place dans une situation critique en presence du plus grand de ses ennemis; & c'est-là qu'il
lui

lui fait arracher par sa politique même, l'aveu d'un caractère, dont tous les traits ne sont gravés avec tant de force dans tout le cours de cet Ouvrage, que pour nous en donner plus d'horreur.

Omar, le confident & le complice de Mahomet, n'est pas mieux traité par l'Auteur, & ne se ménage pas mieux lui-même. Aussi ambitieux que son Maître, si il se contente du second degré d'autorité, il paraît, par la noirceur de ses conseils, qu'il ne rougit point d'affecter la primatie des forfaits.

Voilà dans quels hommes M. de Voltaire a mis cette ambition démesurée, capable des plus grands crimes : voici de quelle façon il s'y prend pour les faire exécuter par le fanatisme.

Séide & Palmire, tous deux nés de Zopyre, le plus cruel ennemi de Mahomet, enfans de Tribut, livrés dès leur plus tendre jeunesse à cet ambitieux Législateur, élevés dans son camp & dans ses principes, pleins d'un zèle, aussi ardent qu'il est aveugle, pour la secte de leur Maître, pénétrés de respect & même d'une profonde vénération pour sa personne, saisis d'un religieux étonnement pour ses prétendus miracles, Séide & Palmyre regardent Mahomet comme le Prophête, comme l'Envoyé de Dieu, & ses ordres comme les oracles du Ciel ; victimes innocentes de leurs cruels préjugés & d'une paſſion inceſtueuſe, que l'erreur ſur leur naiſſance, que Mahomet lui-même a laiſſé naître dans leurs cœurs, ils ſont ſéduits au point qu'ils n'écoutent qu'en frémiſſant, & ſe reprochent même les ſentimens de vertu, de pitié, de reconnaiſſance qui s'élévent au fond de leurs ames.

Tels ſont les Miniſtres que Mahomet choiſit pour achever l'ouvrage de ſa grandeur par un crime dont il doit tirer tout le fruit, ſans en paraître coupable. Omar, par ſon ordre, exige de Séïde un ſerment terrible & ſolemnel, d'obéïr à la voix du Ciel qui doit lui être manifeſtée par celle de Mahomet ; Séïde aprend de la bouche de ce Maître cruel, mais reſpecté, que c'eſt au meurtre de Zopyre qu'il s'eſt engagé par un ſerment qui révolte en lui les ſentimens de la nature & de l'humanité, mais qui ne lui paraît pas moins ſaint & moins inviolable ; le meurtre de Zopyre eſt un parricide pour le malheureux fanatique qui ſe diſpoſe à le commettre ; mais il l'ignore, & c'eſt une circonſtance aggravante de ſon crime qui le rend plus digne de la méchanceté de Mahomet. Séïde eſt prêt à conſommer cet afreux ſacrifice ; un mouvement de compaſſion ſuſpend ſon obéïſſance : ce mouvement allarme ſa Religion, ſon zèle aveugle reprend toute ſa force. La généroſité de Zopyre l'arrête ; un vif ſentiment, inſpiré par la nature,

ture, lui fait détester ses cruels engagemens: mais, bien-tôt arraché par Omar à cette sainte impression, & conduit en presence de Mahomet, celui-ci fait rallumer dans le cœur de son Profélite tremblant, cette férocité qu'on avoit gravée dans son ame sous le nom respectable d'un zèle saint & religieux; & non content d'emploïer, pour l'affermir dans sa résolution, la menace des plus terribles malédictions, Mahomet acheve de le vaincre par l'intérêt d'une passion dont il sait que bien-tôt il ne craindra plus les éfets.

Avant de rien conclure de tout ceci, il faut vous dire un mot du caractére de Zopyre. C'est un vieillard vénérable, & l'un des Chefs des Ismaëlites qui sont encore les maîtres de la Mecque. Ce vieillard, adorateur zélé d'Astarté, mis en oposition avec Mahomet, n'est pas seulement son ennemi pour la diverfité de leur culte, mais encore parce qu'il l'acuse d'avoir fait périr ses enfans; & la haine qui est entre Mahomet & lui, lui paraît d'autant plus irréconciliable, qu'il sait & qu'il avoüe avoir immolé à sa vangeance le fils de ce nouveau Légiflateur. Enfin ce Zopyre est un homme assez vertueux pour préférer son honneur & sa Religion au salut même de ses enfans, lorsque Mahomet lui aprend qu'ils respirent encore & qu'il lui offre de lui rendre son fils & d'épouser sa fille, pour prix de la soumission qu'il exige de lui ; il est assez généreux pour vouloir sauver la vie à Séide son ôtage, dans l'instant où la conspiration de Mahomet contre la Mecque peut mettre ses jours en danger.

Cette générosité, ou, si vous l'aimez mieux, cette humanité de Zopyre, est placée avec un art admirable, au moment même où Séide, devenu inhumain, en soumettant tous les sentimens de son ame au faux-zèle qui le guide, s'aprête à sacrifier Zopyre ; vous m'avoüerez, mon cher Comte, qu'il faut être né bien insensible pour l'être à une situation si touchante. Je vous fais faire ici cette remarque, pour vous prévenir contre un assez petit nombre de froids critiques qui ont prétendu qu'il n'y avoit dans Mahomet aucune sorte d'intérêt. Leur sentiment vous étonneroit bien davantage, si vous aviez pû juger par vous-même de cette Piéce, & sur-tout de la Scène où Zopyre assassiné par Séide, prêt d'expirer en sa présence dans les bras de Palmire, les reconnaît tous deux pour son fils & pour sa fille ; si vous aviez entendu ce vertueux pere, sollicité par Séide & Palmire de punir en eux ses assassins, leur répondre avec tendresse,

..... *J'embrasse mes enfans:*

Et, pour peu que votre imagination se prête à vous représenter le tableau de cette Scène, vous aurez peine à n'être pas atendri d'une image si intéressante.

Je ne vous ai promis aucun détail sur la conduite de cette Tragédie, que la *Lettre* du *Comédie de Lille* * vous a fait assez connaître ; j'en suprime beaucoup d'autres, que je crois peu nécessaires au but que je me suis proposé ; je ne vous parlerai point de l'intérêt tendre que produit l'amour de Séïde & de Palmire, de la passion, ni de la fausse générosité de Mahomet qui, en sacrifiant un rival à sa jalousie, affecte de paraître le plus ardent vangeur de la mort de son ennemi : je ne vous dirai pas comment, profitant avec adresse des effets du poison qu'il a fait donner à Séïde, il sait se forger de son forfait même des armes respectables à ses ennemis, & faire passer à leurs yeux, pour un miracle du Dieu qui le protége, le crime par lequel il vient de le deshonorer. En un mot, je ne vous peindrai point Mahomet furieux de la mort de Palmire, au moment où elle s'immole aux mânes de son pere & à celles d'un frere qu'elle avoit aimé si tendrement, aussi puni par le spectacle effraïant d'une perte si sensible, que par la violence de ses remords ; il me suffit de vous dire que Mahomet finit cette Tragédie, en se rendant justice à lui-même, & en sor-

çant

* Voïez cette Lettre, *pag.* 147.

çant le Public à la lui rendre par l'horreur qu'il lui inspire.

Telle est à peu près, mon cher Comte, cette Piéce si monstrueuse, si dangereuse pour les bonnes mœurs, si redoutable pour l'Etat & pour la Religion. Au reste, cette Tragédie n'est point farcie, comme beaucoup de nos Piéces nouvelles, de ces lambeaux décousus qu'on a bien voulu nommer des beautés de détail, qui détournent l'esprit de l'Auditeur de son objet principal, pour l'apliquer à des images étrangéres, & qui, par conséquent, coupent & refroidissent tout intérêt & tout sentiment, quel qu'il soit. Cette Tragédie renferme toutes les beautés dont son sujet étoit susceptible, & n'avoit pas besoin de celles qui lui eussent été étrangéres; elle chemine d'un bout à l'autre, toûjours également, & proméne l'ame des Spectateurs de la tendresse à l'horreur, de l'horreur à la pitié, de la pitié aux frémissemens, & des frémissemens à l'exécration de l'Imposteur qui est le principal ressort de toute cette machine d'iniquité.

Voilà, je pense, ce que M. de Voltaire a voulu nous inspirer; malheur aux organes de travers qui s'y sont refusés, & qui, comme je l'ai déja dit, soit par ignorance, soit par jalousie, ont osé publier que cette Piéce étoit mauvaise en elle-même, & dangereuse dans ses conséquences.

Ce

Ce font deux points qu'il faudroit examiner à fond, si j'avois prétendu vous donner une diffcrtation dans les formes : mais comme ce n'est point à titre d'ouvrage médiocre que cette Tragédie a paru être défenduë, car nous n'avons que trop d'exemples que celles de cette efpéce encourent rarement de pareilles difgraces, & qu'on a coutume de les laiffer joüir en paix du droit d'ennuïer le Public. Comme d'ailleurs c'eft fur-tout des motifs de cette prétenduë défenfe que vous me paraiffez fouhaiter d'être inftruit, je ne m'attacherai qu'à cette partie de la critique de Mahomet qui, à ce qu'on prétend, l'a fait bannir de notre Théâtre comme un ouvrage pernicieux.

On fe plaint, par exemple, que Mahomet criminel recueille dans la conquête de la Mecque le fruit de fes crimes, de ce que le vice, bien loin d'être puni, fe trouve couronné dans la perfonne de l'Impofteur : mais M. de Voltaire pouvoit-il, fans attenter à la vérité de l'hiftoire, changer un événement auffi connu que celui de la conquête de la Mecque; & fi, pour fatisfaire à ce que fes critiques femblent defirer, il eût rendu Zopyre vainqueur de Mahomet, ne lui auroit-on point reproché d'avoir fait triompher l'Idolâtrie ?

Que fait donc M. de Voltaire pour s'affujettir aux régles, fans faire tort aux vérités hiftoriques?

Il traite Mahomet comme M. Racine a traité Néron dans son Britannicus. Voici de quelle façon Albine annonce la punition de Néron.

Il rentre, chacun fuit son silence farouche;
Le seul nom de Junie échape de sa bouche:
Il marche sans dessein, ses yeux mal assurés,
N'osent lever au Ciel leurs regards égarés;
Et l'on craint, si la nuit, jointe à la solitude,
Vient de son désespoir aigrir l'inquiétude,
Si vous l'abandonnez plus long-tems sans secours,
Que sa douleur bien-tôt n'attente sur ses jours.
Le tems presse, courez, il ne faut qu'un caprice,
Il se perdroit, Madame.....

Agrippine répond :

...... Il se feroit justice ;
Mais, Burrhus, allons voir jusqu'où vont ses transports,
Voïons quel changement produiront ses remords.

Le meurtrier de Britannicus, le ravisseur de Junie, un fils déja soupçonné de vouloir un jour tremper ses mains dans le sang de sa mere, Néron, n'est donc puni que par la retraite de Junie, par son désespoir & par des remords que sa mere veut bien lui prêter, & dont il n'y a pas même la moindre aparence, ni dans sa conduite, ni dans le recit d'Albine.

M.

M. de Voltaire assure mieux, ce me semble, le suplice de Mahomet. C'est la mort qui le prive de Palmire; elle expire à ses yeux; Mahomet sent & avouë qu'il est le plus puni; il ajoute....

.... Il est donc des remords!

Ce qui prouve qu'il en est tourmenté vivement; mais ce châtiment, tout terrible qu'il est à quiconque l'éprouve, ne suffit pas aux critiques de Mahomet. Je ne vois cependant que deux espéces d'hommes qui puissent raisonnablement faire ce reproche à M. de Voltaire; ou des hommes, si ses critiques sont tels, qui aïent tellement conservé leur innocence, qu'ils n'aïent jamais connu le repentir de l'avoir perduë, ou des hommes assez endurcis dans le crime, pour avoir entiérement étouffé dans leur ame, la redoutable voix des remords. Si ce tourment paraît trop leger aux jaloux de M. de Voltaire, dans laquelle de ces deux classes veulent-ils donc être rangés?

Après cet examen, je crois qu'on peut avouer que Mahomet est plus puni que Néron, & convenir que, du moins à ce regard, la représentation de Mahomet n'est pas plus dangereuse pour les bonnes mœurs, que celle de Britannicus.

Voïons enfin si, pour l'Etat, si pour la société, il est quelque poison dans cette Piéce, & si ce poison, déguisé avec art, n'en est que plus à redouter.

De la façon dont le Mahomet de M. de Voltaire annonce ses principes & son propre caractére, je ne crois pas qu'il soit venu en tête à personne, que le dessein de l'Auteur ait été de lui procurer des Prosélites. Si nous vivions dans un siécle moins éclairé, les vertus de l'idolâtre Zopyre, mises en oposition avec les crimes de Mahomet, eussent été peut-être d'un dangereux exemple ; mais parlons sérieusement ; quelles peuvent avoir été les vûës de M. de Voltaire ? Je vous l'ai déja dit ; ç'a été de faire voir à quels excès les hommes peuvent être portés par le desir immodéré de la grandeur, & par le zèle faux & mal entendu de la Religion : sont-ce-là des précautions dangereuses ? Et peut-on en prendre trop de toute espéce, contre de tels ambitieux & de tels fanatiques ?

L'image du fanatisme déja peinte des plus horribles couleurs, par M. de Voltaire, au cinquième Livre de son Poëme sur la Ligue, avoit prévenu les hommes contre cette dangereuse frénésie ; mais cette même image mise en action dans le rôle de Séïde, accompagnée de tout l'art de ses Séducteurs, a mille fois plus de force, & doit éfraïer ceux-mêmes qui auroient été assez foibles pour s'y laisser séduire.

Quelles

Quelles obligations les Français, du tems d'Henri III. & les Anglais, du tems de Charles I. n'auroient-ils pas dû avoir à un Auteur qui leur eut donné un Mahomet tel que celui que nous venons de voir? Ceux-ci en garde contre l'hipocrifie de Cromwel, se feroient sans doute défiés de ses fausses vertus, & n'auroient pas commis le plus affreux parricide, par le meurtre de leur Roi légitime, pour servir l'ambition d'un usurpateur faussement modeste; & Jacques Clément frapé de la conformité des voïes qu'on emploïe pour porter Séide au plus grand des forfaits, avec celles qu'on avoit emploïées pour le séduire lui-même, n'eût vû qu'avec horreur, & le crime qu'on déguisoit à ses yeux sous de religieuses aparences, & les dannables maximes de ses maîtres. En un mot, son détestable exemple n'eût point enhardi les Bariéres & les Ravaillacs, & la France n'auroit peut-être pas à se reprocher d'avoir produit des monstres capables de la soüiller du sang de ses Rois.

Je ne puis me refuser, en finissant cette Lettre, une réflexion que j'ai faite cent fois, en voïant représenter une Tragédie d'un de nos Grands Maîtres, Piéce généralement aplaudie, & peut-être la meilleure qu'il ait faite.

Nous n'aurons pas de peine à nous imaginer un Roi légitime & Catholique, chaſſé de ſon Trône par un uſurpateur hérétique ; un tendre rejetton du ſang Roïal, réfugié au pied des Autels, nourri, pour ainſi dire, dans le Sanctuaire & ſous les yeux du Pontife de la Religion de ſes Peres. Que penſerions-nous aujourd'hui d'un Pontife qui ordonneroit le meurtre des héritiers de l'uſurpateur, & d'un ſujet que l'enthouſiaſme porteroit à l'exécuter ? Je ne balance point à dire que, de quelque ſemblant de juſtice ou de ſainteté qu'une telle action fut colorée, elle nous feroit horreur ; c'eſt cependant ce que nous voïons, ce que nous aplaudiſſons tous les jours dans Athalie, ſans qu'il ſoit encore venu dans l'eſprit d'aucun zèlé critique, qu'une telle repréſentation peut être dangereuſe.

On me répondra que Joad eſt inſpiré, & dès-lors je me rends, & je reſpecte l'arrêt que Dieu, par la bouche de ſon Pontife, porte contre une Reine impie & criminelle ; mais me répondra-t'on que cet exemple mis ſous les yeux d'un fanatique, avec tout le pathétique que lui donne la pompe d'un grand Spectacle, ne ſera jamais capable de l'ennivrer au point qu'il ſe perſuade être bien inſpiré lui-même ; & n'a-ce pas toujours été ſous ce voile ſpécieux, qu'on a caché à ces faux-zèlés, qu'ils ſe ſont déguiſés à eux-mêmes, les criminels excès où nous les avons vû ſi ſouvent ſe porter.

A

A cette réflexion en ajoûterai-je une autre? Tartuffe, l'une des meilleures Comédies de Moliére, éprouva de son tems la même disgrace que vient d'éprouver Mahomet; les Magistrats soulevés contre cette Piéce, par les faux-dévots, comme ils viennent de l'être contre Mahomet, par la basse jalousie ou par l'ignorance, peut-on dire des rivaux de M. de Voltaire? Tartuffe, dis-je, fut défendu; Loüis XIV. dont on ne surprenoit pas aisément la religion, après un mûr examen, en permit la représentation. Le succès de cette Comédie justifia les lumiéres du Monarque, sans faire tort au zèle des Magistrats, dont les extrêmes précautions ne peuvent jamais être que loüables : qu'en est-il arrivé? Tartuffe a-t'il fait des hypocrites? non assurément. Je dis plus ; l'éloge & les avantages de l'hypocrisie dans la bouche de Dom Jüan de Giron, au cinquième Acte du Festin-de-Pierre, ont-ils jamais révolté les gens de bien, & glorifié les faux-dévots? Les maximes de l'imposteur Mahomet sont-elles donc privilégiées, & pouvons-nous les séparer de l'horreur qu'elles inspirent? En un mot, Mahomet lui-même est-il moins détesté du Spectateur, que Tartuffe, & que Dom Jüan?

Je ne vous dirai rien de plus, mon cher Comte; si je vous ai mis en état de juger Mahomet, jugez-le en pleine liberté : je n'ai
point

point prétendu gêner votre opinion. Je vous laisse encore le soin de faire vous-même le parallele de cette Tragédie avec celle d'Athalie, & les Comédies du Tartuffe & du Festin-de-Pierre.

Je ne me donnerai pas non plus la peine de répondre à la mauvaise plaisanterie que vous me mandez qu'on a faite dans votre Armée, en disant que, puisqu'on avoit empêché la représentation de Moïse, il étoit juste de défendre celle de Mahomet : cela s'apelle, mon cher Comte, un jeu d'esprit assez plat, & qui ne peut partir que de quelques cervelles libertines ou mal timbrées.

Vous savez avec quels sentimens je suis, &c.

ENVOI A M. DE VOLTAIRE.

ON, ce n'est point pour te défendre,
Contre les traits de tes rivaux jaloux,
Qu'en cet écrit ma voix se fait entendre.
Quand cet honneur eût été fait pour nous,
Quelle gloire aurois-je à prétendre
A confondre des sots, des ignorans, des fous,
A vanger Mahomet qu'un sot Public décrie ?
Connais par qui je me vis excité,
L'intérêt des beaux-Arts, celui de ma Patrie ;
L'amour du vrai ; peut-être aussi ma vanité.

LETTRE
D'UN
COMÉDIEN DE LILLE,
SUR LA
TRAGÉDIE
DE
MAHOMET I.
DE M. DE VOLTAIRE,
CONTENANT

L'idée des caractères, de la conduite & des détails de cette Piéce.

QUE vous êtes Français, Monsieur ! Plus votre curiosité aproche du terme qui doit la satisfaire, plus elle redouble d'impatience. Vous voulés absolument connaître Mahomet avant que de
le

le voir ; ne fut-ce que d'une heure que précédât cette connoissance ; c'est beaucoup, dites-vous, pour remplir, ou pour amuser mille petites passions qui préocupent le Spectateur avant la toille levée. Lorsqu'on a, pour ainsi dire, la Carte d'une Piéce avant la Représentation, l'amour-propre a l'avantage de marcher avec plus de confiance dans le jugement qu'on en doit porter ; on se met à l'abri de la séduction de l'harmonie des vers, aussi-bien que de l'étourdissement que cause à l'esprit l'aplication à suivre un Auteur dans les différens détours qu'il peut prendre pour conduire sa fable. Le Voïageur sensé (comme vous l'observés, Monsieur,) ne manque pas de lire des Relations des Païs où il se propose de promener sa curiosité, afin de ne laisser échaper aucun des objets qui méritent son admiration ; & en même-tems d'éviter le danger de la laisser échaper trop légérement sur d'autres, qui ne l'obtenant que par les prestiges de la nouveauté, trouvent dans la réflexion une ennemie, qui, en détruisant leurs charmes, ne laisse à l'admirateur que la honte de se dédire.

Si je croïois que les Représentations de *Mahomet* pussent produire ce dernier éfet sur aucun des Spectateurs, quelque déférence que j'aïe pour vos ordres, je me soustrairais à l'obéissance que je vous ai voué ; j'aimerois

mieux

mieux vous laisser le plaisir de vous égarer dans les transports que vous inspire cette Tragédie, que de fournir à votre petite vanité l'infructueuse prérogative de se garantir de la commune illusion. Mais je suis si éloigné de présumer rien de semblable, par raport à *Mahomet*, que je crains seulement d'afaiblir trop l'idée que vous devez concevoir d'une Piéce qui peut être regardée comme le chef-d'œuvre dramatique de M. de Voltaire ; & même que je serois vivement tenté de dire, comme un chef-d'œuvre du Théâtre en général.

L'Auteur permit à notre Troupe l'année derniére, de donner ici un petit nombre de Représentations de cette Piéce célèbre, qui produisit un éfet prodigieux. Les cœurs glacés de nos Flamands ne purent résister à la force des ressorts que l'Auteur a mis en œuvre pour émouvoir ; & s'il n'avoit voulu réserver aux Spectateurs de Paris l'honneur de couronner son triomphe, j'ose vous assurer que nous aurions égalé dans cette Province, pour ne pas dire surpassé, les succès les plus brillants de votre Théâtre, tant par le nombre des Représentations, que par le concours des Spectateurs. Mais c'est trop vous occuper de ce qui est personnel, venons à l'objet de votre empressement.

Je crois premiérement devoir vous faire connaître les Acteurs dans l'ordre que ma mémoire

moire me les fournit. Voici les principaux

MAHOMET, *faux-Prophéte.*

OMAR, *confident de Mahomet.*

ZOPYRE, *Chérif ou Chef du Sénat de la Mecque.*

SEYDE, *fils inconnu de Zopyre, élevé par* Mahomet.

PALMIRE, *sœur de Séïde, aussi inconnuë de son pere Zopyre, & enlevée par Mahomet, avec Séïde.*

La Scène est à la Mecque.

Pour prendre une intelligence exacte du jeu des passions qui régnent dans cette Piéce, daignez suivre avec atention l'ébauche des diférents caractéres de tous ces Personnages; ébauche que je vais vous tracer à peu près suivant le ton général des nuances que l'Auteur assigne à chacun.

Le caractère de *Mahomet* est à peu près conforme à l'idée que nous en donne l'histoire, & plus encore à celle que doit faire prendre de cet illustre Imposteur, les vastes desseins que conçut son ambition, & les moïens qu'il emploïa pour parvenir à étonner l'Univers.

Le Poëte nous représente dans ce Personnage principal, un homme pénétré de la plus

furieu-

furieuſe ambition ; brave par tempérament autant que par ſyſtême, naturellement éloquent, & dont l'imagination déja enflamée par ſes deſirs immodérés, trouve dans ſon propre fond des tours auſſi ſublimes qu'adroits, pour perſuader tout ce qui peut tendre à remplir la vaſte étenduë de ſes projets : au ſurplus, hipocrite au dernier excès ; & pour me ſervir de quelques traits du pinceau même de l'Auteur, ce *Mahomet*......

S'il étoit vertueux, eſt un Héros peut-être.

Prophête aux yeux du peuple......

Il porte dans ſes mains le glaive & l'encenſoir,
Il vient mettre à profit les erreurs du vulgaire,

qu'il faut toûjours combattre ou toûjours tromper. Conquérant, encore plus heureux que prudent, il ſommet, par la force des armes, ceux dont il n'étonne point la raiſon ; & lorſque ſes forces militaires ſont inſuſiſantes, il a recours à celle de ſon génie, pour gagner par la politique, ceux qu'il n'a pû abuſer par ſes fraudes. Il emploïe également les vices & les vertus, pour parvenir au but que lui montre ſon ambition.

Omar, le confident de *Mahomet*, & preſque le compagnon de ſes travaux, auſſi-bien que

que le principal agent de ses fraudes, & ambitieux comme lui. Il seconde les projets de son Maître ; il entre dans le mistére de ses vuës les plus secrettes ; mais il est content d'ocuper la seconde place dans le soin de tromper l'Univers. On devine de-là le caractère de ce Confident, plus annexé à l'action principale, que ne sont ordinairement les confidens dans les autres Piéces de Théâtre. *Mahomet* est le Héros, *Omar* est son digne ami. Une faible, mais sensible dégradation de couleurs l'empêche d'être confondu dans le tableau avec l'objet principal.

Zopyre est ce Chérif, ou ce Chef du Sénat de la Mecque. Le caractère de ce vieillard respectable est précisément le contraste des deux premiers. *Zopyre* citoïen zélé, homme religieux, pere tendre, est l'ennemi de *Mahomet*. Parce qu'il l'a trop offensé, il l'avoit autrefois fait chasser de la Mecque ; il avoit tué son fils dans un combat antérieur à l'action de la Tragédie.

Zopyre a un Confident, nommé *Phanore* ; mais comme c'est un confident ordinaire, je ne vous en parle point. Je ne l'ai pas même inscrit dans la liste des Acteurs.

Séide fils de *Zopyre*, qu'il ne connaît point pour son pere, & que ce pere ne connaît point, est un de ces jeunes Princes vertueux, dont les passions servent au nœud de la Piéce,

&

& fur le foin defquels tombe la plus tendre partie de l'intérêt du Spectateur. Il a été enlevé à fon pere dès la plus tendre enfance ; le camp de *Mahomet* a été fon berceau ; c'eft de lui feul qu'il a reçû fon éducation, & par-tout fa Religion ; c'eft-à-dire, qu'imbu de tous les préjugés favorables au prétendu Prophête, c'eft le plus foumis & le plus zèlé des Mufulmans. Il ne connaît d'autre bienfaiteur que *Mahomet* ; il le regarde comme fon Roi, on peut dire même comme fon Dieu. *Séïde* eft Amant de *Palmire*, ou plûtôt croit brûler des feux de l'amour, lorsqu'il n'eft animé que de la tendreffe fraternelle ; *Mahomet*, devenu fon rival par la fuite, mais rival ignoré, avoit lui-même allumé cet amour, qu'il croïoit néceffaire à l'exécution de fa vengeance.

Palmire, comme je l'ai déja dit, fœur de *Séïde*, enlevée & élevée avec lui, avoit puifé les mêmes principes & les mêmes fentimens ; égale prévention pour la Miffion Divine de *Mahomet*, égale déférence pour fes moindres volontés. *Palmire* & *Séïde* ne connoiffoient pas la nature des liens qui les attachoient ; ils ne favent que s'aimer & obéïr à *Mahomet* ; tels font, Monfieur, les principaux traits des caractères intéreffants de cette Tragédie ; caractères foutenus avec autant d'exactitude, qu'ils font frapés avec force & clarté

clarté. Vous devez juger quel jeu cela peut fournir dans le cours d'une intrigue.

Pour effleurer à present les circonftances qui préparent & fondent l'action, dont le détail feroit trop long, qu'il vous fufife, Monfieur, de favoir qu'elles ont paru juftes à des gens plus habiles & plus dificiles que moi ; au refte, Paris en jugera ; ce que je puis vous dire, pour vous donner quelque jour dans le nœud de la Piéce, c'eft que *Palmire* fe trouve être la captive de *Zopyre*, que *Mahomet*, également porté par les projets de fon ambition & par fon amour, a envoïé *Omar* négocier avec le *Chérif*. *Séide* s'eft venu rendre pour ôtage au même *Chérif*, à l'infçu de *Mahomet*. *Omar* a préparé les chofes de façon, qu'il eft de l'intérêt de Mahomet de quitter fon Armée voifine & de fe rendre à la Mecque ; ces notions, quoique fuperficielles, vous fufiront fans doute, pour fuivre l'action dont voici à peu près le nœud.

Mahomet veut engager *Zopyre* à être fon ami ; c'eft-à-dire, à l'aider dans le projet de tromper l'Univers ; il lui promet de lui rendre fes enfans. *Zopyre* eft atendri ; mais il réfifte, la nature parle dans fon cœur en faveur de *Palmire* & de *Séide*, à qui elle parleroit auffi, s'ils pouvoient ou s'ils ofoient au moins aimer l'ennemi de leur Prophête.

Mahomet craignant tout de la force du fang, voulant

voulant perdre l'un par l'autre, *Séide* son rival, & *Zopyre* son ennemi, & engagé par d'autres motifs encore, ordonne à *Séide*, de la part du Ciel, d'enfoncer trois coups de poignard dans le sein de *Zopyre*, au pied d'un Autel où il sacrifioit ordinairement à ses faux Dieux. L'ordre du crime n'est reçu qu'avec horreur, mais il est apuïé par toutes les raisons qui peuvent engager un dévot à le commettre; on imagine combien de combats intérieurs, combien de situations ménagées avec art en reculent l'exécution, & portent dans l'ame le trouble, l'horreur & la pitié.

Après mille doutes cruels, *Séide* consulte encore *Palmire*, présente au crime qui doit se commettre. Elle doit être la récompense du parricide; c'est par-là qu'il faut l'obtenir, où se résoudre à la perdre; au milieu de son trouble, elle laisse échaper une foible déclaration, arrachée par l'amour, qu'on peut obéir aux ordres du Ciel. Elle s'en dédit presque aussi-tôt, ou voudroit s'en dédire; l'Amant se détermine. *Zopyre* paraît dans l'enfoncement près de son Autel; il invoque ses Dieux, & blasphême contre celui de *Mahomet*; mais il parle de ses enfans; il s'éloigne & le parricide s'avance; il hésite encore; il se trouble; il voit des ombres funestes: l'Autel tremble. Est-ce pour l'encourager ou pour le retenir ? Il court; il frape. *Palmire* entend les

cris

cris du mourant. *Séide* a frapé; il revient; il est troublé; il ne la reconnaît plus; il la demande; il s'évanouit. Il reprend la voix, pour lui faire des reproches du crime où elle l'a porté. *Zopyre* n'est point mort; il n'a reçu qu'un coup de poignard; il reparaît. *Séide* est immobile & tremblant. *Palmire* court au mourant & le soutient; il fait à *Séide* de tendres reproches, qui ne sufisent que trop pour lui déchirer le cœur; & c'est dans ce moment que se fait la reconnaissance. Un Confident annonce ce secret, qu'*Hercide*, de la suite de *Mahomet*, a déclaré en mourant par les ordres du Barbare, qui craignoit son indiscrétion & qui n'a pu l'éviter. *Zopyre* ne punit point ses ennemis; il embrasse ses enfans, & les engage à dissimuler encore pour le venger de *Mahomet*.

Ce dernier, croïant encore toute cette barbare intrigue ignorée, se déclare enfin à *Palmire*; il croit n'avoir qu'à lui commander d'aimer. *Palmire* se découvre & démasque l'imposteur. *Séide* paraît à la tête du Peuple qu'il a rassemblé. *Mahomet* sans doute avoit tout à craindre; mais il a pris de trop justes mesures pour trembler. Un poison, dont l'éfet étoit compassé sur ses desseins, le met à l'abri des entreprises de *Séide*.

Et lors qu'au sein d'un pere il enfonçoit son bras,
Dans ses veines lui-même il portoit le trépas.
Mahomet

Mahomet est plein d'assurance. *Séide* s'afaiblit, & *Mahomet* fait regarder sa mort comme un coup du Ciel, par une invocation de faire à l'instant expirer ce coupable. Il peut, dit-il, par le même moïen réduire tout ce Peuple en poudre.

Ce n'est en sa faveur qu'un miracle de plus.

Ceux qui venoient pour le punir, se prosternent & l'adorent. *Palmire* veut les animer; *Mahomet* l'interrompt, lors qu'elle veut dévoiler ses crimes. Elle se tuë sur le corps de *Séide*, & *Mahomet* est puni par la perte de l'objet de son amour, passion aussi violente en lui que l'ambition.

Je viens de faire, à l'égard de la Tragédie de *Mahomet*, ce que les Peintres & les Sculpteurs ont coutume de faire, lors qu'ils exposent à la critique des connoisseurs quelque morceau d'importance, qui est d'en présenter auparavant l'esquisse; j'ai besoin sans doute d'un motif pour authoriser la liberté que je prends d'oser lever le voile qui couvre encore à vos yeux cette *Piéce*; mais il y a malheureusement une différence, que je ne sens que trop. Dans cette parité dont je voulois me servir, c'est que l'esquisse que vous venez de voir n'étant pas de la main du grand Maître de tout l'Ouvrage, ne doit être regardé que

comme

comme un foible trait timidement copié, & qui ne peut renfermer tout le germe des grandes beautés dont vous ferés fans doute frapé. Ainfi, Monfieur, je vous laiffe à penfer combien votre imagination doit ajoûter dans une fi faible copie, pour prendre une jufte idée de l'Original.

J'ai l'honneur d'être, &c.

A Lille en Flandres, ce 15. Juillet 1742.

LETTRE
A MONSIEUR
DE VOLTAIRE,
SUR LA
TRAGÉDIE
DE MAHOMET I.
1742.

J'ASSISTAI hier, Monsieur, à la premiére Représentation de vôtre Tragédie de Mahomet. Fidèle admirateur des productions de votre génie, je volai à la Comédie. Conduit par le plaisir, j'avois devancé vos plus zèlés partisans, au nombre desquels je prendrois la liberté de me mettre, si je pensois qu'une pareille conquête pût vous flâter; mais je me connais, & je me rends justice.

Ce ne feroit pour vous qu'un triomphe de plus.

Et quel triomphe ! quel hommage pour vous, qui, couronné des mains de la gloire & porté sur le trophée des dépouilles de vos ennemis, ne voïés les chétifs mortels qu'à l'aide du microscope ! La rapidité de vos conquêtes vous laisse-t'elle le tems de connaître cette foule innombrable de sujets qu'enchaînent à votre char vos inimitables exploits.

Le Sceptre du Permesse en vos savantes mains,
Au gré de vos desirs asservit les humains.
Prêtre & Législateur, on vous vit dans le Temple
  A l'Univers donner l'exemple.
Vous montâtes en chaire; aussi-tôt votre voix
Captiva les esprits, enchanta les oreilles,
Fit abjurer l'erreur, & réforma les loix.
Une seule Homélie opéra ces merveilles,
  Et votre goût déïfié,
  Objet de notre culte unique,
  Fit éclipser le goût antique
  De sa défaite humilié.

J'ose donc me flâter, Monsieur, que vous me ferés la grace d'excuser ma faiblesse, & de me pardonner si je ne m'étends pas autant que je le dévrois, & que semble l'exiger de moi le préambule d'une lettre sur l'éloge de vos

vos incomparables talens : encore un coup, je me connais, Monsieur, & je me rends justice.

Je sens mon insuffisance, & je me garderai bien d'entreprendre l'ébauche d'un tableau que mon pinceau défigureroit ; & c'est avec vérité que je devrois dire ce qu'un Orateur de Troupe Comique ne dit qu'en badinant au Baron de Pezenas: *Il n'apartient pas à tous les Vinaigriers de faire de bonne Moutarde, &c.* Heureux si je pouvois parvenir quelque jour à mériter l'avantage d'être admis à l'honneur de rendre à votre mérite l'hommage qui lui est dû.

Je viens aux motifs qui m'engagent à vous écrire ; j'étois dans un coin du parterre, éloigné de ces petits cercles tumultueux, tourbillons de poussière du Pinde, emportés perpétuellement par un mouvement circulaire & dont l'esprit de vertige & de cabale est le centre. Entouré de voisins, dont les phisionomies pacifiques annonçoient le repos & le silence, je savourois d'avance la douceur de pouvoir me livrer sans crainte & sans trouble à cette délicieuse atention qu'excite un Ouvrage de Mr. de Voltaire.

Mais fol & vain espoir, vermisseaux que nous sommes,
Comme le Ciel se rit des vains projets des hommes.

A peine fus-je emboîté dans mon malheureux coin, & privé de tout espoir d'en échaper par la foule qui croissoit à chaque instant, que

je

je m'aperçus de mon erreur, mais trop tard.

Vous favés fans doute le fujet de la Piéce qu'on donne aujourd'hui, me dit un gros homme, qu'à fa perruque *in-folio*, fon teint luifant, les triples bourelets de fon menton, & plus encore à fes queftions, je devinai pour un Magiftrat de la ruë St. Honoré, un Mr. Guillaume : oüi, Monfieur, lui dis-je, c'eft Mahomet ; Mahomet, c'eft donc un Turc ? Non, Monfieur, c'eft Mahomet, le Légiflateur de l'Orient. Ah ! ah ! cela eft plaifant & doit faire une finguliére Tragédie ; un Prophête...... Sera-t'il amoureux ? Je n'en fais rien ; mais fe convertira-t'il à la fin de la Piéce ; mourra-t'il en bon chrétien ? oüi, Monfieur, répondis-je, en lui tournant brufquement le dos, fi vous voulés lui fervir d'Apôtre. J'avois à mon autre côté un homme fimple & modefte, dont l'air uni me prévint ; en atendant qu'on levât la toille, je réfolus de charmer mon impatience, en m'entretenant avec lui ; cette Tragédie, lui dis-je, fait actuellement l'objet de l'atention de tout Paris ; on s'en promet les plus brillans fuccès ; on dit que les beautés y fourmillent. Je n'en ai pas entendu parler fi avantageufement, répondit celui à qui je parlois. Comment, Monfieur, vous pouvés avoir entendu dire du mal de Mahomet ? Une Piéce divine, pleine, à ce qu'on dit, de fituations merveilleufes, de pen-

penſées neuves, hardies, juſtes, de traits frapés; une Tragédie que Mr. de Voltaire travaille depuis ſix ans, lui qui n'emploïe ordinairement que quinze jours à ces ſortes d'ouvrages; ſavez-vous, Monſieur, qu'elle a déja été repréſentée ſur le Théâtre de Lille avec une fortune auſſi rapide. Oüi, me répondit froidement mon homme, elle fut ſiſlée au troiſième Acte.

Du blaſphême inouï l'odieuſe fureur,
  Frappa mon oreille indignée;
Ainſi frappa le Ciel l'inſolent Capanée;
Je me ſentis glacé d'une ſubite horreur:
Un noir frémiſſement dans mon ame étonnée
Fit au ſaiſiſſement ſuccéder la terreur.
Je reculai d'éfroi, de la terre entr'ouverte,
Je croïois déja voir le précipice affreux
Me faire partager l'inévitable perte
  De ce Zoïle audacieux.

Interdit, tremblant, la diverſité des mouvemens qui m'agitoient tour-à-tour m'empécha pendant quelques inſtans de m'apercevoir que la toile étoit levée, & que Zopyre débitoit à ſon Confident les plus belles choſes du monde, à ce qu'on m'a dit depuis. Je ne revins de mon étourdiſſement qu'à ces vers pompeux.

Les flambeaux de la haine entre nous allumés,
Jamais des mains du tems ne seront consumés.

Ah! Monsieur, que cela est divin, des flambeaux de la haine allumés, qui trompent les mains du tems emploïés à les consumer; que cette figure noble & hardie conserve de justesse & de précision! Zopyre a tué le fils de Mahomet. Hercide a livré entre les mains du Prophête les enfans de Zopyre, & les mains consumantes de l'inexorable Dieu du tems ne pourront dévorer les flambeaux d'une haine immortelle, que ces outrages mutuels ont enflamés.

Il n'est pas étonnant que j'aïe pu, sans perdre le fil de la Piéce, rendre un légitime tribut de loüanges à cette riche pensée, exprimée encore, si je l'ose dire, plus richement. Je profitai pour cela de ces intervalles, qu'un Acteur judicieux sait ménager avec art aux beaux endroits, pour donner le tems de respirer & d'aplaudir les belles tirades, les vers harmonieux & les chutes heureuses; ce sont des poses d'admiration, marquées par le Comédien, qui indiquent aux Spectateurs l'heure de battre des mains.

Alors des Partisans les mains infatigables,
Elevent jusqu'au Ciel leurs concerts redoutables,
Sous leurs coups redoublés étouffent les siflets,
Effraïent l'assemblée, & gagnent leurs billets.

Com-

Comme l'Acteur alloit reprendre la suite de sa déclamation, mon voisin n'eût que le tems de me dire, que ce trait que j'admirois tant lui paraissoit gigantesque ; pour moi je n'en crus rien ; tant pis pour lui, disois-je en moi-même, s'il est condanné par la faiblesse des organes de son cerveau trop étroit, à ne pouvoir se prêter à ces sublimes merveilles.

Zopyre après avoir étalé à son confident les malheurs de la Mecque, engage insensiblement la conversation & la fait tomber sur Palmire ; cela est amené naturellement ; & le Chérif des Arabes qui sembloit n'être venu sur la Scène, que pour s'entretenir des malheurs de l'Etat, aprend à Phanore qu'il a donné rendés-vous à Palmire dans ce même lieu ; il a sans doute des choses fort intéressantes à lui dire.

Je voulus faire remarquer à mon critique, avec quelle finesse les entrées & les sorties étoient ménagées ; mais toûjours sans fruit ; il sembloit qu'il eût pris à tâche de me désespérer ; à quel dessein, me disoit-il, Zopyre vient-il avec son confident ? c'est, lui répondis-je, pour s'entretenir d'afaire d'Etat. Pourquoi donc a-t'il désigné le même lieu & la même heure à Palmire ? C'est, Monsieur, ce que nous allons savoir tout à l'heure, car elle arrive, & Phanore se retire. Eh bien ! n'avois-je pas raison ? Zopyre lui aprend qu'il

I 5 &

est ennemi de Mahomet ; elle lui aprend qu'elle a un amant ; c'est Séide qui est son vainqueur & non Mahomet, ainsi que le pense d'abord Zopyre, qui prend des élans de dévotion pour des soupirs d'amour ; abusé par le ton, il n'est cependant pas nécessaire qu'elle en instruise le Chérif ; car il ne connaît point Séide ; mais comme il est nécessaire que le Spectateur en soit informé, Phanore revient qui aprend à Zopyre qu'Omar est entré dans la Ville, de la part de Mahomet, & qu'un nommé Séide s'est donné pour ôtage. Eh bien ! peut-on une plus heureuse introduction ?

Vous n'y pensés pas, me répondit-on sur le champ, pourquoi cet ôtage ; Omar entre dans la Ville, est-il naturel qu'il donne des ôtages ? Il seroit plus vraisemblable qu'il en reçût. Comme je n'avois pas de replique prête, je fis semblant de n'avoir pas tout-à-fait entendu, distrait par l'arrivée d'Omar, que le Chérif traite comme il le mérite, ainsi que Mahomet, vil conducteur de chameaux, qui ne s'est élevé que par le brigandage, secondé d'un fanatisme ridicule : écoutons Omar.

Ne sais-tu pas encore, homme faible & superbe,
Que l'Insecte insensible enseveli sous l'herbe,
Et l'Aigle impérieux qui plâne au haut du Ciel,
Rentrent dans le néant aux yeux de l'Eternel.

Quel

Quel heureux contraste ! Un Insecte insensible enséveli sous l'herbe, & un Aigle impérieux qui plâne dans le Ciel, & tout cela qui rentre dans le néant aux yeux de l'Eternel. Quel avantage de réunir ainsi les profondeurs de la Métaphisique la plus abstraite, & les sublimes enthousiasmes de la Poësie.

Pour moi cela me confond; où peut-on prendre de si grandes idées ? Qu'Insecte enséveli est placé à propos, & que le double sens qu'il présente occupe agréablement l'esprit; voilà ce que l'on peut apeller des coups de maître, des traits où le grand homme se reconnaît.

Je m'atendois à voir mon homme terrassé, & la force de ces beaux vers, victorieuse des erreurs de son préjugé, le forcer de se joindre à la commune admiration. Point du tout, il prétendit que ce n'étoit qu'un Commentaire louche de ces Vers de Rousseau.

Celui devant qui le superbe
Paraît plus bas dans sa grandeur,
Que l'Insecte caché sous l'herbe.

Et poursuivant sur le même ton, voulut me démontrer que les Vers suivans étoient incomparablement plus beaux, parce que la pensée étoit exactement vraïe. Les voici.

Le plus vil des humains, le Roi le plus Auguste;
Tout est égal pour lui; rien n'est grand que le juste.

Pendant que nous bataillions pour défendre notre sentiment. Le premier Acte étoit fini, Omar & Zopyre étoient déja devant le Sénat d'Ismaël. Omar pour y faire aprouver l'entrée de Mahomet dans la Mecque, & Zopyre pour s'y oposer.

J'entendis répéter autour de moi,

S'il étoit vertueux, c'est un Héros peut-être.

Cela est-il Français, demanda-t'on ? Oh! non, Monsieur, point du tout; c'est une phrase Arabe; le stile Oriental est sujet à ces sortes de licences; Séide & Palmire qui entrérent dans l'instant, me sauvérent encore quelque mauvaise réplique.

Convenés, Monsieur, dis-je à mon voisin, que je voulois absolument convertir, que si Séide force un peu la vrai-semblance en se donnant pour ôtage, lorsque naturellement on n'en doit point avoir besoin, ce léger défaut sert merveilleusement à la conduite de la Piéce; il fournit l'ouverture du second Acte, & met quelqu'un sur le Théâtre à qui l'on puisse annoncer l'arrivée de Mahomet; c'est Omar qui en est chargé : quel dommage qu'il vienne si brusquement interrompre le tendre dialogue de Séide & de Palmire.

Mahomet

Mahomet paraît, est surpris de trouver Séide qu'il croïoit bien loin; il le blâme de s'être donné pour ôtage. Il a raison, parce qu'il ne sait pas que ce jeune homme est amoureux de Palmire; cet amour commence à se manifester; car Palmire, fille fort naturelle, ne balance point à le déclarer au Prophête; trouvés-vous, me dit-on, que la liberté de cet aveu s'accorde avec la retenuë de cet azile sacré, duquel elle se plaint au premier Acte d'avoir été arrachée? Vous voïés bien, Monsieur, répondis-je, que Mahomet ne se prête point à de telles privautés; il prend un air sévére : allez, dit-il à Palmire,

Reposez-vous sur moi de vos vrais intérêts.

L'impitoïable censeur eut encore la malice de me dire que ce Vers étoit un larcin fait à la Motte, dans Inés de Castro; je lui aurois donné de bon cœur un démenti, si j'avois osé; mais on ne dispute pas des faits; je me contentai de répondre, que tous les mots apartenoient aux hommes, & qu'il étoit permis de les prendre, quelque part qu'on les trouvât, pour s'en servir au besoin.

Que ne venoit-il après vous;
Avant lui vous l'auriés pu dire.

Mahomet seul avec Omar lui ouvre son cœur & lui dévoile les ressorts de son ambition;

bition ; ſes ſentimens ſur la Religion & ſur l'amour, unique divinité du Prophête.

Que cette Scène eſt grande, & qu'il eſt heureux que Mahomet n'ait pas encore eu occaſion d'inſtruire Omar de tout cela. Il lui aprend que Séide & Palmire ſont les enfans du Chérif. Mon cauſtique raiſonneur fut encore aſſés méchant pour condamner ce qui faiſoit l'objet de mon admiration. Outre, dit-il, qu'il n'eſt pas vrai-ſemblable qu'Omar ignore les ſecrets de Mahomet, puiſqu'il n'eſt point ſurpris lorſqu'il aprend qu'il n'eſt qu'un impoſteur ambitieux. Pourquoi Mahomet eſt-il étonné de voir Séide amoureux de Palmire ? il nous aprend lui-même qu'il les a élevés pour l'inceſte. Ecoutez, pourſuivit-il, Mahomet eſt en train de parler ; il a l'imprudence de tout avouer à Zopyre ; n'eſt-ce pas une faute monſtrueuſe contre la politique ? Eh ! non, Monſieur, Mahomet n'eſt pas un politique ordinaire ; c'eſt un génie ſupérieur.

Un eſprit vaſte & ferme en ſes deſſeins,
Qui diſpoſe à ſon gré des vulgaires humains.

C'eſt uniquement par bonté qu'il veut gagner Zopyre, le plus grand de ſes ennemis, qu'il ne craint pas cependant.

Je me ſens aſſés grand pour ne pas t'abuſer;
Et je te crains trop peu pour daigner d'abuſer.

Je me rapelle ce Vers, dis-je auſſi-tôt; c'eſt Guſtave qui le dit à Chriſtierne, *Scène 5. Acte 4.* Oh! une fois pour toutes, Monſieur, ne chicanons point ſur les Vers empruntés; j'ai eu l'honneur déja de vous répondre là-deſſus. Paſſons, répliqua-t'il; mais ce Mahomet, ſi grand, ſi ſupérieur qui dédaigne la fraude & l'artifice, pourquoi l'emploie-t'il pour perdre Zopyre?

C'eſt un miſtére entre le Ciel & lui.

Voïés, Monſieur, combien cette Tragédie eſt ſavante & inſtructive. Vous ne ſaviés pas qu'il y avoit chez les Arabes une ancienne Prophétie, qui promettoit l'Empire du monde à celui qui entreroit vainqueur dans la Mecque, pour y faire régner la paix.

Mahomet vient mettre à profit les erreurs de la terre:
Ou véritable, ou faux, ſon culte eſt néceſſaire;
  Il faut de nouveaux fers,
Il faut un nouveau Dieu pour l'aveugle Univers.

Quelle foule d'idées ſublimes. Je ne me connois plus, l'enthouſiaſme s'empare de moi; je ne vois plus, je n'entends plus que les grands mots de néceſſité, de fatalité; l'Acte continuë & finit avec le même fracas; c'eſt l'intérêt; c'eſt la néceſſité qui eſt le ſeul Dieu qui doit être écouté.

Enfin

Enfin il faut consulter la Religion, à qui tout seroit soumis,
Sans la nécessité par qui tout est promis.

Encore Séide & Palmire à l'ouverture du troisiéme Acte, Séide qui vient de s'engager par des sermens affreux à suivre aveuglément les volontés de Mahomet, cherche à nourrir & fortifier sa dévotion dans le sein de l'amour; rien de plus naturel. Palmire est le prix attaché à son obéissance : il ne sait point encore à quel usage on destine son bras. Plein d'une horreur religieuse pour la terrible cérémonie qui vient de se passer, il sait indistinctement qu'il est réservé pour quelque grande entreprise. Mahomet arrive, & va l'en instruire. De grace, Monsieur, faites atention comme ici tout est ingénieusement amené; que d'art pour se faire passer successivement de l'amour au fanatisme, & du fanatisme à l'amour. Quelques nuances de Pyrrhonisme viendroient bien à propos pour achever la singularité du caractère, justement *bravo*; voilà ce qui s'apelle connaître le cœur humain, & manier avec dextérité les différentes impressions dont l'ame peut être affectée. Quelles sublimes expressions Mahomet emploïe pour fixer l'irrésolution de son éleve.

Dans son bruïant accès, le Prophête éfaré
Terrible & menaçant, le regard égaré,

Enfilant un Sermon, & sans ordre & sans suite,
Tâche en vain de forcer le bon sens à la fuite ;
Enfin voïant qu'il n'est pas écouté,
Il adoucit un peu la fureur de sa bile ;
Et pour déterminer son dévot indocile,
Se rabat sur la volupté.

Lâche, Palmire étoit la récompense de ce qu'on exigeoit de toi ; il n'y a plus de réplique, Séide est déterminé ; Mahomet le laisse seul, pour donner aux semences qu'il vient de répandre, le tems de germer dans le cœur de son Prosélite ; voilà ce qui s'apelle mettre en usage le ressort des passions.

Mon inflexible Aristarque, sans paraître ému de la chaleur de mes exclamations, m'écoutoit avec un flegme dont j'étois impatienté. Eh ! bien, Monsieur, lui dis-je, vous ne voulés donc pas vous rendre, & partager l'étonnement & l'admiration dont les Spectateurs sont affectés ? Nous n'avons pas le tems, me dit-il, écoutés seulement, nous aurons à la fin de la Piéce la liberté de nous entretenir.

Je me remis donc, & redoublai d'atention pour la Scène qui se passe entre Zopyre & Séide. Le fils est ému à la vûë de son pere. La nature parle à son cœur. O nature ! tu n'es donc pas une habitude ?

Je

Je vous avouë, Monsieur, que sans ce correctif, j'aurais été indigné de l'exécrable paradoxe de Mahomet.

La nature, crois-moi, ce n'est qu'une habitude.

J'aime mes parens, & je sens bien que ce sentiment n'est point du tout chés moi l'ouvrage du préjugé. Je crois comprendre à peu près jusqu'où peut s'étendre la force de l'habitude, les habillemens, les maisons, les meubles, les divertissemens sont de son ressort; même, si vous voulés, le goût pour les Ouvrages d'esprit. Par exemple, le stile de certains Ecrivains me plaît davantage que celui des autres; j'aplaudis machinalement les Piéces de tel Auteur; tout ce qui paraît sous son nom, doit être excellent, par une longue & constante étude. Je suis enfin parvenu à familiariser mon oreille avec l'assemblage monstrueux de certains termes, dont le discordant accouplement m'avoit d'abord éfarouché. Je me suis fait une imbécile coûtume de l'admirer. Je suis son juré crieur; je le prône partout, mon infatigable mémoire est farcie de ses productions. Je le débite en gros & en détail; je suis son affiche; il n'y a, je pense, dans tout cela rien qui excede la faculté ordinaire d'un automate. J'aurai même l'honneur de vous dire, Monsieur, que j'ai vû dans quelques-unes de vos machines de ces prodiges de méchanifme ; mais dire que les fentimens naturels que le fang infpire, ne font dûs qu'à l'habitude, je penfe en trouver la fource dans mon cœur indépendante du préjugé. Une puiffance fupérieure en a tracé le caractère ; j'en retrouve les impreffions, jufque dans les êtres qui nous paroiffent les plus vils. Rien ne vit, rien ne refpire, qui ne foit fenfible aux mouvemens de la nature ; & les fentimens d'amour pour ceux à qui l'on doit la naiffance, font après la reconnoiffance pour les bontés du Créateur, ce qui fait le plus d'honneur à l'humanité. Que j'aime donc à voir Séide en reffentir le pouvoir ; pénétrée de remords, il va, dans l'ardeur dont il eft tranfporté, abjurer devant Mahomet fon exécrable vœu.

Que nous fommes fujets à nous tromper, lorfque l'efprit de prévention difpofe de nos jugemens.

Après avoir été fucceffivement agité de mille mouvemens confus d'admiration, d'horreur & d'éfroi durant le cours des deux derniers Actes de votre étonnante Tragédie, je refpirois enfin, & me recueillant en moi-même, je ramaffois dans ma mémoire les paffages les plus frapans pour m'en fervir d'armes offenfives & défenfives contre la critique.

Eh bien ! Monfieur, me dit la perfonne avec
laquelle

laquelle je m'étois déja entretenu ; êtes-vous revenu de votre assoupissement, & puis-je vous demander à présent comment vous vous êtes démêlé de la confusion de tant d'événemens singuliers, & de situations forcées ?

Tels on voit dans la nuit ces corps sans existence
Que craïonne à son gré l'imagination,
Phantômes, vains enfans de l'ombre & du silence,
Et dont le jour détruit la frêle illusion.

Ah ! Monsieur ne blasphêmés pas. Ce n'est pas mon dessein, poursuivit-il ; je ne veux que m'éclaircir, ou vous détromper ; faites-moi la grace de m'entendre, & soïés persuadé que votre réponse me trouvera toujours prêt à me rendre à la force de la conviction.

Je ne vous parle pas des régles générales d'unité d'action & de lieu ; il y a long-tems que M. de Voltaire s'est mis au-dessus de cette contrainte servile. Je me restrains à quelques observations particuliéres. Séïde est un fanatique, caractère trop sombre pour la Comédie, & d'un ridicule indécent pour la Tragédie ; en suposant cependant qu'on put l'admettre sur le Théâtre, je voudrois qu'il fut mieux soutenu.

Quel est-il donc ce Dieu que je ne puis comprendre ?

Est-ce-là le langage du fanatisme ? Il va plus loin ;

loin ; ce n'est plus un sceptique, c'est un incrédule décidé ; sa Maîtresse est le seul oracle qu'il veut écouter. Qu'elle prononce. Que lui répond-t'elle pour fixer son irrésolution ; *je frémis*. Ne voilà-t'il pas des doutes bien éclaircis pour un Pirrhonien ? Cela sufit cependant pour le déterminer ; il devient furieux ; Palmire a beau faire ses éforts pour le retenir, il n'a plus d'yeux ni d'oreilles. Les Spectateurs s'aperçoivent à merveilles qu'il n'a pas compris le sens de ces paroles, & qu'on veut le désabuser ; lui seul n'entend plus, & ne veut plus rien voir que des spectres & l'ébranlement de l'Autel.

L'Autel tremble ; me pousse-t'il au meurtre, ou veut-il m'arrêter ?

Cette incertitude est-elle naturelle dans la situation où il se trouve ? N'importe, suivons-le ; il va dans la coulisse assassiner Zopyre, & revient s'évanoüir sur le Théâtre. Sa foiblesse se dissipe. Pourquoi ? Pour nous faire un récit de l'action si entortillée, qu'on a besoin de l'arrivée de Zopyre pour être instruit ! Il vient, reconnaissance étranglée, enfans trouvés, singes de Zaïre & de Nérestan. A peine ces enfans sont-ils reconnus, qu'on vient les arracher des bras de leur pere, par les ordres de Mahomet.

Au cinquième Acte, Mahomet aprend d'O-
mar

mar que tout eſt découvert, & que Séïde échapé de la priſon où il étoit retenu par ſon ordre, paraît à la tête du Peuple, qu'il anime à la vengeance de ſon pere. Comment a-t'il pu s'évader? C'eſt ce qu'on ne dit point. Séïde paraît enfin, mais c'eſt pour mourir; le poiſon fait ſon éfet à point nommé; une heure plus tard Mahomet étoit perdu; il met à profit cette mort pour en faire un miracle: le Peuple ſoumis ſe retire. Palmire ſe tuë, & le Prophête, au comble du déſeſpoir, reconnaiſſant ſes crimes & déchiré de ſes remords, contre toute vraiſemblance, reprend ſon ſang-froid, pour terminer la Piéce par ces deux Vers.

Je veux régir en Dieu, l'Univers prévenu;
Mon Empire eſt détruit, ſi l'homme eſt reconnu.

Séïde, répondis-je, eſt un Perſonnage indécis, un caractère bizare, un aſſemblage de contraires, & c'eſt en cela qu'il eſt admirable. La Scène entre Palmire & lui eſt divine; ſi je me plains de quelque choſe, c'eſt qu'elle eſt trop courte; le déſordre de ſon récit entortillé, dites-vous, eſt le chef-d'œuvre de l'art; le pathétique y régne avec une force..... Qui ne ſent pas ſes entrailles émuës à des *cris ſi lamentables*, & lorſqu'il nous aprend que Zopyre *traçoit des traits ſi touchans & de ſi grands caractères?* La reconnaiſſance eſt, à ce que vous dites, ébauchée; dites imprévûë. Quel in-
convé-

convénient de se servir encore d'un expédient qui a réüssi ! Les enfans trouvés ont fait leur éfet dans Zaïre, & c'est fort prudemment agir de faire tourner l'intrigue de cette Piéce sur le même pivot ; pour le trait du poison, c'est un prodige, d'autant plus digne d'admiration, qu'il est moins atendu.

Avez-vous remarqué, Monsieur, que Mahomet n'avoit point commandé à Omar de le faire empoisonner ? Il devoit être massacré après Zopyre ; mais heureusement Omar a pris la voïe du poison ; c'est lui-même qui l'aprend au Prophête dans ces deux beaux Vers.

Et lors qu'au sein d'un pere il enfonçoit son bras,
Dans ses veines lui-même il portoit le trépas.

Enfoncer son bras ; quelle force ! quelle justesse ! Mahomet profite en grand homme de cet événement ; & comme il avoit un secret pressentiment qu'il va se passer entre Palmire & lui, une scène qui pourroit trahir sa foiblesse, il envoïe au Temple le Peuple qu'il vient de convertir ; enfin, le défaut de vraisemblance que vous prétendés trouver dans le passage subit du désespoir à la tranquilité, acheve le caractère inébranlable de ce fameux Imposteur, caractère soutenu depuis le commencement de la Piéce jusqu'à la fin, avec une vérité dont j'espére que vous conviendrés

drés à la premiére représentation, à laquelle je vous invite au même endroit.

Voilà, Monsieur, une partie des faibles raisons que j'ai emploïées, pour défendre l'honneur d'un Ouvrage qui est assés grand pour se soutenir par lui-même, j'en conviens; je sais que lorsqu'il vous plaira vous pourrés foudroïer la critique.

Je l'ai fait, donc c'est bien, méprisable vulgaire,
Aprends à m'écouter, m'admirer & te taire.
Loin de moi les mortels assez audacieux
Pour juger par eux-mêmes & pour voir par leurs yeux.

Mais comme cet argument n'est pas tout-à-fait dans la forme ordinaire, & que je sais que vous ne prétendés faire triompher la vérité qu'avec les armes de l'évidence, je prends la liberté de m'adresser à vous pour obtenir ces armes victorieuses, afin que par vos faveurs, devenu invulnérable, *j'aille trouver le Peuple, l'instruire en votre nom.*

Et vous verrés bien-tôt le Public stupéfait,
Le front collé contre la terre,
Chanter Salamaleck au divin Mahomet,
Salamaleck au grand Voltaire.

J'ai l'honneur d'être, Monsieur, &c.

SAMSON,

OPÉRA.

PRÉFACE.

CEt Opéra qu'on donne au Public, avoit été mis en Musique il y a quelques années, par un homme reconnu pour un des plus habiles Musiciens de l'Europe ; des intrigues qui s'oposent quelquefois au progrès des Arts, comme à toutes les autres entreprises, privérent Paris de cette Musique. On publia le Poëme, dénué de son plus grand charme, & on le donna seulement comme une Esquisse, d'un genre un peu diférent du genre ordinaire ; c'est la seule excuse peut-être de l'impression d'un ouvrage, fait plûtôt pour être chanté que pour être lû ; les noms de Vénus & d'Adonis trouvent dans cette Tragédie une place plus naturelle qu'on ne croiroit d'abord ; c'est en éfet sur leurs terres que l'action se passe. Cicéron, dans son excellent Livre de la Nature des Dieux, dit que la Déesse Astarté, révérée des Siriens, étoit Vénus même & qu'elle épousa Adonis. On sait de plus qu'on célébroit la fête d'Adonis chez les Philistins ; ainsi ce qui seroit ailleurs un mélange absurde du Profane & du Sacré, se place ici de soi-même.

ACTEURS

SAMSON.
DALILA.
LE ROY DES PHILISTINS.
LE GRAND-PRESTRE.
LES CHŒURS.

SAMSON,

SAMSON,
OPÉRA.

ACTE PREMIER.

SCENE I.

Le Théâtre représente une Campagne. Les Israélites couchés sur le bord du Fleuve; Adonis déplore leur captivité.

DEUX CORIPHE'ES.

TRIBUS captives,
Qui sur ces rives
Traînez vos fers;
Tribus captives,
De qui les voix plaintives
Font retentir les airs,
Adorez dans vos maux le Dieu de l'Univers.

CHŒUR.

SAMSON.

CHŒUR.

Adorons dans nos maux le Dieu de l'Univers.

UN CORIPHE'E.

Ainsi depuis quarante hyvers,
Des Philistins le pouvoir indomptable,
Vous accable!
Leur fureur est implacable!
Elle insulte aux tourmens que nous avons soufferts.

CHŒUR.

Adorons dans nos maux le Dieu de l'Univers.

UN CORIPHE'E.

Race malheureuse & divine!
Tristes Hébreux! frémissez tous.
Voici le jour affreux qu'un Roy puissant destine
A placer ses Dieux parmi nous;
Des Prêtres mensongers, pleins de zèle & de rage,
Vont vous forcer à plier les genoux
Devant les Dieux de ce climat sauvage;
Enfans du Ciel que ferez-vous?

CHŒUR.

Nous bravons leur couroux,
Le Seigneur seul a nôtre hommage.

UN CORIPHE'E.

Tant de fidélité sera chére à ses yeux,

Des-

Descendez du Trône des Cieux,
Fille de la clémence,
Douce espérance,
Tresor des malheureux,
Venez tromper nos maux, venez remplir nos vœux;
Descendez douce espérance.

SAMSON.

SCENE II.

SECOND CORIPHE'E.

AH! déja je les vois, ces Pontifes cruels,
Qui d'une Idole horrible entourent les Autels.

LES PRESTRES DES IDOLES
dans l'enfoncement, autour d'un Autel
couvert de leurs Dieux.

Ne souillons point nos yeux de ces vains Sacrifices,
Fuïons ces Monstres adorez;
De leurs Prêtres sanglans ne soïons point complices.

CHŒUR.

Fuïons, éloignons-nous.

LE GRAND-PRESTRE DES IDOLES.

Esclaves, demeurez;
Demeurez, votre Roy par ma voix vous l'ordonne;
D'un pouvoir inconnu, lâches adorateurs,
Oubliez-le à jamais lorsqu'il vous abandonne;
Adorez les Dieux ses Vainqueurs.
Vous rampez dans nos fers, ainsi que vos Ancêtres;
Mutins, toujours vaincus, & toujours insolens,
Obéïssez, il en est tems;

OPERA.

Connaissez les Dieux de vos Maîtres.

CHŒUR.

Tombe plutôt sur nous la vangeance du Ciel,
Plutôt l'enfer nous engloutisse;
Périsse, périsse
Ce Temple & cet Autel.

LE PRESTRE DES IDOLES.

Rebut des Nations, vous déclarez la guerre
Aux Dieux, aux Pontifes, aux Rois.

CHŒUR.

Nous méprisons vos Dieux, & nous craignons les
Loix
Du Maître de la terre.

SCENE III.

SAMSON entre couvert de la Peau d'un Lion.

Les Perſonnages de la Scène précédente.

SAMSON.

UEL ſpectacle d'horreur !
Quoi ! ces fiers enfans de l'erreur
Ont porté parmi vous ces Monſtres
    qu'ils adorent ?
Dieu des combats, regarde en ta fureur
Les indignes rivaux que nos Tirans implorent,
    Soutiens mon zèle, inſpire-moi,
    Vange ta cauſe, vange-toi.

LES GRANDS-PRESTRES DES IDOLES.

Profane ! impie ! arrête.

SAMSON.

Lâches, dérobez votre tête
    A mon juſte couroux;
Pleurez vos Dieux, craignez pour vous;
Tombez, Dieux ennemis, ſoïez réduits en poudre !
    Vous ne méritez pas

OPERA.

Que le Dieu des combats
Arme le Ciel vangeur, & lance ici sa foudre;
Il suffit de mon bras;
Tombez, Dieux ennemis, soïez réduits en poudre.

LES GRANDS-PRESTRES.

Le Ciel ne punit point ce sacrilége éfort.
Courons tous, vangeons sa querelle,
Allons préparer la mort
De ce peuple rebelle.

A 6   SCENE

SCENE IV.

SAMSON, LES ISRAELITES.

SAMSON.

Os esprits étonnez sont encor incertains ?
Redoutez-vous ces Dieux renversez par
mes mains ?

CHŒUR DES FILLES ISRAELITES.

Mais qui nous défendra du couroux éfroïable
D'un Roy, le tiran des Hébreux ?

SAMSON.

Le Dieu, dont la main favorable
A conduit ce bras belliqueux,
Ne craint point de ces Rois la grandeur périssable.
Faibles Tribus demandez son apui,
Il vous armera du tonnerre ;
Vous serez redoutez du reste de la terre,
Si vous ne redoutez que lui.

CHŒUR.

Mais nous sommes, hélas ! sans armes, sans défense.

SAMSON.

SAMSON.

Vous m'avez, c'est assez ; tous vos maux vont finir.
  Dieu m'a prêté sa force, sa puissance ;
Le fer est inutile au bras qu'il veut choisir ;
En domptant les lions, j'apris à vous servir.
Leur dépouille sanglante est le noble présage
  Des coups dont je ferai périr
  Les Tirans qui sont leur image.

AIR.

 Peuple éveille-toi, romps tes fers,
 Remonte à la grandeur premiére,
 Comme un jour, Dieu du haut des airs
Rapellera les morts à la lumiére,
  Du sein de la poussiére,
 Et ranimera l'Univers.
 Peuple éveille-toi, romps tes fers,
  La liberté t'apelle,
  Tu nâquis pour elle,
 Reprens tes concerts.
Peuple éveille-toi, romps tes fers.

AUTRE AIR.

L'hyver détruit les fleurs & la verdure ;
Mais du flambeau du jour, la féconde clarté,
  Ranime la nature
  Et lui rend sa beauté ;

      L'af-

L'affreux esclavage
Flêtrit le courage;
Mais la liberté
Releve sa grandeur & nourrit sa fierté.
Liberté, liberté.

Fin du premier Acte.

ACTE

ACTE II.

SCENE I.

Le Théâtre représente le Péristille du Palais du Roy; on voit à travers les colonnes, des forêts & des collines dans le fond de la perspective; le Roy est sur son Trône entouré de toute sa Cour, habillé à l'Orientale.

LE ROY.

INSI ce peuple esclave, oubliant son devoir,
Contre son Roy leve un front indocile!
Du sein de la poussiére il brave mon pouvoir!
Sur quel roseau fragile
A-t'il mis son espoir?

UN PHILISTIN.

Un imposteur, un vil esclave,
Samson les séduit & vous brave;
Sans doute il est armé du secours des enfers.

LE ROY.

L'insolent vit encor ! Allez, qu'on le saisisse ;
Préparez tout pour son suplice.
Allez, courez, soldats, chargez de fers
Des coupables Hébreux, la troupe vagabonde ;
Ils sont les ennemis & le rebut du monde,
Et détestez par-tout, détestent l'Univers.

CHŒUR DES PHILISTINS *derriére le Théâtre*.

Fuïons la mort, échapons au carnage,
Les enfers secondent sa rage.

LE ROY.

J'entens encor les cris de ces peuples mutins ;
De leur Chef odieux va-t'on punir l'audace ?

UN PHILISTIN, *entrant sur le Théâtre*.

Il est vainqueur, il nous menace ;
Il commande aux destins,
Il ressemble au Dieu de la guerre,
La mort est dans ses mains,
Vos soldats renversez ensanglantent la terre,
Le peuple fuit devant ses pas.

LE ROY.

Que dites-vous ? Un seul homme, un barbare,
Fait fuir mes indignes soldats !
Quel démon pour lui se déclare ?

SCENE

SCENE II.

LE ROY, *les Philistins autour de lui ;* SAMSON, *suivi des Hébreux, portant d'une main une Massuë, & de l'autre une branche d'Olivier.*

SAMSON.

OY, Prêtres ennemis, que mon Dieu fait trembler,
Voïez ce signe heureux de la Paix bienfaisante,
Dans cette main sanglante
Qui peut vous immoler.

CHŒUR DES PHILISTINS.

Quel mortel orgueilleux peut tenir ce langage ?
Contre un Roy si puissant quel bras peut s'élever ?

LE ROY.

Si vous êtes un Dieu, je vous dois mon hommage ;
Si vous êtes un homme, osez-vous me braver ?

SAMSON.

Je ne suis qu'un mortel ; mais le Dieu de la terre
Qui commande aux Rois,
Qui soufle à son choix

Et

Et la mort & la guerre,
Qui vous tient sous ses loix,
Qui lance le tonnerre,
Vous parle par ma voix.

LE ROY.

Eh bien, quel est ce Dieu ? quel est le témoignage
Qu'il daigne s'annoncer par vous ?

SAMSON.

Vos soldats mourans sous mes coups,
La crainte où je vous vois, mes exploits, mon
 courage,
Au nom de ma Patrie, au nom de l'Éternel,
Respectez déformais les enfans d'Israël
Et finissez leur esclavage.

LE ROY.

Moi ? qu'au sang des Philistins je fasse un tel outrage,
Moi ? mettre en liberté ces peuples odieux !
Votre Dieu seroit-il plus puissant que mes Dieux ?

SAMSON.

Vous allez l'éprouver ; voïez si la nature
Reconnait ses commandemens ?
Marbres, obéïssez ; que l'onde la plus pure
Sorte de ces rochers, & retombe en torrens.

On voit des Fontaines saillir dans l'enfoncement.

CHŒUR.

Ciel, ô Ciel ! à sa voix on voit jaillir cette onde

Des

OPERA.

Des marbres amollis !
Les élémens lui sont soumis :
Est-il le Souverain du monde ?

LE ROY.

N'importe, quel qu'il soit, je ne peux m'avilir
A recevoir des loix de qui me doit servir.

SAMSON.

Eh bien, avez-vous vû quelle étoit sa puissance ?
Connaissez quelle est sa vengeance ;
Descendez feu des Cieux, ravagez ces climats ;
Que la foudre tombe en éclats,
De ces fertiles champs détruisez l'espérance.
Brûlez maisons, séchez guérêts ;
Embrasez-vous vastes forêts.

Tout le Théâtre paroît embrasé.

AU ROY.

Connaissez quelle est sa vangeance.

CHŒUR.

Tout s'embrase, tout se détruit ;
Le feu du Ciel nous poursuit ;
Brûlante flamme, affreux tonnerre,
Terribles coups.
Ciel, ô Ciel ! sommes-nous
Au jour où doit périr la terre ?

LE ROY.

Suspens, suspens cette rigueur,
Ministre impérieux d'un Dieu plein de fureur,
Je commence à reconnaître
Le pouvoir dangereux de ton superbe Maître ;
Je ne prétens plus l'irriter ;
Mais j'adore mes Dieux ; je les dois consulter ;
C'est à leur voix à me résoudre.

SAMSON.

C'est au mien de parler ; crains son bras, crains sa foudre.
Avant que le soleil descende à son couchant
Obéïs à la voix de mon Maître suprême :
Va consulter tes Dieux ; mais en les consultant,
Tremble pour eux & pour toi-même.

SCENE III.

SAMSON, CHŒUR DES ISRAELITES.

SAMSON.

Vous que le Ciel console après des maux si grands,
Peuples osez paraître aux Palais des Tirans;
Sonnez trompettes, organes de la gloire;
Sonnez, annoncez ma victoire.

HÉBREUX.

Chantons tous ce Héros, l'arbitre des combats;
Il est le seul dont le courage
Jamais ne partage
La victoire avec les soldats;
Il va finir notre esclavage,
Pour nous est l'avantage,
La gloire est à son bras;
Il fait trembler sur le Trône
Les Rois, maîtres de l'Univers,
Les guerriers au champ de Bellone,
Les faux-Dieux au fond des Enfers.

LE CHŒUR.

Sonnez trompettes, organes de sa gloire;
Sonnez,

SAMSON,

Sonnez, annoncez sa victoire.

Le défenseur intrépide
D'un troupeau faible & timide
Garde leurs paisibles jours,
Contre le peuple homicide
Qui rugit dans les antres sourds.
Le Berger se repose, & sa flûte soupire
Sous ses doigts, le tendre délire
De ses innocentes amours.

LE CHŒUR.

Sonnez trompettes, &c.

Fin du second Acte.

ACTE III.

SCENE I.

Le Théâtre représente un Boccage & un Autel, où sont Mars & Vénus, & les Dieux de Sirie.

LE ROY, LE GRAND-PRESTRE de Mars, DALILA, Prêtresse de Vénus, CHŒUR.

LE ROY.

Dieux de Sirie !
Dieux immortels !
Ecoutés, protégez un peuple qui s'écrie
Au pied de vos Autels !
Eveillez-vous, punissez la furie
De vos Esclaves criminels !
Votre peuple vous prie :
Livrez en nos mains
Le plus fier des humains.

CHŒUR.

CHŒUR.

Livrez en nos mains
Le plus fier des humains.

LE GRAND-PRESTRE.

Mars terrible,
Mars invincible,
Protége nos climats!
Prépare
A ce Barbare
Les fers & le trépas.

DALILA.

O Vénus, Déeffe charmante,
Ne permets pas que ces beaux jours
Deftinez aux amours
Soient profanez par la guerre fanglante.

CHŒUR.

Livrez en nos mains
Le plus fier des humains.

LES DIEUX DE SIRIE.

Samfon nous a domptez! ce glorieux Empire
Touche à fon dernier jour!
Fléchiffez ce Héros; qu'il aime! qu'il foupire!
Vous n'avés d'efpoir qu'en l'amour.

DALILA.

Dieu des plaifirs daigne ici nous inftruire

Dans

Dans l'art charmant de plaire & de séduire;
Prete à nos yeux tes traits toujours vainqueurs;
Aprens-nous à semer de fleurs
Le piége aimable où tu veux qu'on l'atire.

CHŒUR.

Dieu des plaisirs daigne ici nous instruire,
Dans l'art charmant de plaire & de séduire.

DALILA.

D'Adonis c'est aujourd'hui la fête,
Pour ses jeux la jeunesse s'aprête;
Amour, voici le tems heureux
Pour inspirer & pour sentir tes feux.

CHŒUR DES FILLES.

Amour, voici le tems heureux, &c.
Dieu des plaisirs, &c.

DALILA.

Il vient plein de colére, & la terreur le suit;
Retirons-nous sous cet épais feuillage,
Implorons le Dieu qui séduit
Le plus ferme courage.

Elle se retire avec les Filles de Gaza & les Prêtresses.

B SCENE

SCENE II.

SAMSON *seul*.

LE Dieu des combats m'a conduit
    Au milieu du carnage;
Devant lui tout tremble & tout fuit;
Le tonnerre, l'affreux orage,
Dans les champs fait moins de ravage,
Que son nom seul en a produit
Chez le Philistin plein de rage.
Tous ceux qui vouloient arrêter
Ce fier torrent dans son passage,
    N'ont fait que l'irriter.
Ils sont tombez; la mort est leur partage;
Ces sons harmonieux, ces murmures des eaux,
   Semblent amollir mon courage.
Aziles de la paix, lieux charmants, doux ombrages,
    Vous m'invitez au repos.

Il s'endort sur un lit de gazon.

SCENE III.

DALILA, SAMSON, CHŒUR.

Des Prêtresses de Vénus, revenans sur la Scène.

DALILA.

PLAISIRS flâteurs amolliſſez ſon ame ;
Songes charmants enchantez ſon ſommeil.

FILLES DE GAZA.

Tendre amour éclaire ſon réveil,
Mets dans nos yeux ton pouvoir & ta flâme.

DALILA.

Vénus inſpire-nous, préſide à ce beau jour;
Eſt-ce-là ce cruel, ce Vainqueur homicide?
Vénus, il ſemble né pour embellir ta Cour;
Armé, c'eſt le Dieu Mars; déſarmé, c'eſt l'Amour:
Mon cœur, mon foible cœur, devant lui s'intimide;
  Enchaînons de fleurs
  Ce guerrier terrible;
Que ce cœur, farouche invincible,
 Se rende à tes douceurs.

CHŒUR.

SAMSON,

CHŒUR.

Enchaînons de fleurs
Ce Héros terrible.

SAMSON *s'éveille, entouré des Filles de Gaza.*

Où suis-je ! en quels climats me vois-je transporté ?
Quels doux concerts se font entendre ?
Quels ravissants objets viennent de me surprendre ?
Est-ce ici le séjour de la félicité ?

DALILA, *à Samson.*

Du charmant Adonis nous célébrons la fête,
L'amour en ordonna les jeux ;
C'est l'amour qui les aprête ;
Puissent-ils mériter un regard de vos yeux.

SAMSON.

Quel est cet Adonis, dont votre voix aimable
Fait retentir ce beau séjour ?

DALILA.

C'étoit un Héros indomptable,
Qui fut aimé de la mere d'amour ;
Nous chantons tous les ans cette aimable avanture.

SAMSON.

Parlez, vous m'allez enchanter ;
Les vents viennent de s'arrêter :
Ces forêts, ces oyseaux, & toute la nature,
Se taisent pour vous écouter.

DALILA

DALILA *se met à côté de Samson ; le Chœur se range autour d'eux ; Dalila chante cette Cantatille, acompagnée de peu d'instrumens qui sont sur le Théâtre.*

Vénus dans nos climats souvent daigne se rendre ;
C'est dans nos bois qu'on vient aprendre
De son culte charmant tous les secrets divins.
Ce fut près de cette onde, en ces rians jardins,
Que Vénus enchanta le plus beau des humains ;
Alors tout fut heureux dans une paix profonde ;
Tout l'Univers aima dans le sein du loisir ;
Vénus donnoit au monde
L'exemple du plaisir.

SAMSON.

Que ses traits ont d'apas ! que sa voix m'interesse !
Que je suis étonné de sentir de la tendresse !
De quel poison charmant je me sens pénétré !

DALILA.

Sans Vénus, sans l'amour, qu'auroit-il pû prétendre ?
Dans nos bois il est adoré ;
Quand il fut redoutable, il étoit ignoré,
Il devint Dieu, dès qu'il fut tendre.
Depuis cet heureux jour,
Ces prez, cette onde, cet ombrage,
Inspirent le plus tendre amour
Au cœur le plus sauvage.

B 3 SAMSON.

SAMSON.

SAMSON.

O Ciel ! ô troubles inconnus !
J'étois ce cœur sauvage & je ne le suis plus ;
Je suis changé, j'éprouve une flâme naissante.

A Dalila.

Ah ! s'il étoit une Vénus ?
Si des Amours, cette Reine charmante,
Aux mortels en éfet pouvoit se presenter ?
Je vous prendrois pour elle, & croirois la flâter.

DALILA.

Je pourois de Vénus imiter la tendresse ;
Heureux qui peut brûler des feux qu'elle a sentis !
Mais j'eusse aimé peut-être un autre qu'Adonis,
Si j'avois été la Déesse.

SCENE IV.

Les Acteurs précédens.

UN HE'BREU.

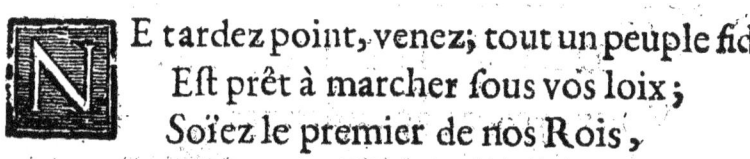NE tardez point, venez; tout un peuple fidéle
Est prêt à marcher sous vos loix;
Soïez le premier de nos Rois,
Combattez & régnez, la gloire vous apelle.

SAMSON.

Je vous suis ; je le dois, j'accepte vos presens.
Ah ! quel charme puissant m'arrête ?
Ah ! diférez du moins, diférez quelque-tems,
Ces honneurs brillants qu'on m'aprête.

CHŒUR DES FILLES DE GAZA.

Demeurez, présidez à nos Fêtes ;
Que nos cœurs soient ici vos conquêtes.

DALILA.

Oubliez les combats
Que la paix vous atire,
Vénus vient de vous sourire,
L'amour vous tend les bras.

SAMSON,
SECOND HÉBREU.

Craignez le plaisir décevant
Où votre grand cœur s'abandonne;
L'amour nous dérobe souvent
Les biens que la gloire nous donne.

CHŒUR DES FILLES.

Demeurez, présidez à nos Fêtes,
Que nos cœurs soient vos tendres conquêtes.

DEUX HÉBREUX.

Venez, venez, ne tardez pas;
Nos cruels ennemis sont prêts à nous surprendre,
Rien ne peut nous défendre
Que votre invincible bras.

CHŒUR DES FILLES.

Demeurez, présidez à nos fêtes,
Que nos cœurs soient vos tendres conquêtes.

SAMSON.

Je m'arrache à ces lieux; allons, je suis vos pas.
Prêtresse de Vénus, vous, sa brillante image,
Je ne quitte point vos apas
Pour le Trône des Rois, pour ce grand esclavage;
Je les quitte pour les combats.

DALILA.

Me faudra-t-il long-tems gémir de votre absence?

SAMSON.

SAMSON.

Fiez-vous à vos yeux de mon impatience;
Est-il un plus grand bien que celui de vous voir?
Les Hébreux n'ont que moi pour unique espérance,
Et vous êtes mon seul espoir.

SCENE V.

DALILA *seule*.

Il s'éloigne! il me fuit! il emporte mon ame!
  Par-tout il est vainqueur.
  Le feu que j'allumois m'enflâme ;
J'ai voulu l'enchaîner, il enchaîne mon cœur.

O mere des plaisirs ! le cœur de ta Prêtresse
Doit être plein de toi, doit toujours s'enflâmer ;
  O Vénus, ma seule Déesse !
La tendresse est ma loi, mon devoir est d'aimer.

  Echo, voix errante,
  Legére habitante
  De ce beau séjour!
  Echo, monument de l'amour,
Parle de ma foiblesse au Héros qui m'enchante;
Favoris du printems, de l'amour & des airs,
  Oyseaux, dont j'entens les concerts,
 Chers confidens de ma tendresse extrême,
  Doux ramage des oyseaux,
  Voix fidéle des échos,
Répétez à jamais, je l'aime, je l'aime.

Fin du troisiéme Acte.

ACTE IV.

SCENE I.

LE GRAND-PRESTRE, DALILA.

LE GRAND-PRESTRE.

OUi, le Roy vous acorde à ce Héros terrible,
  Mais vous entendez à quel prix ?
Découvrez le secret de sa force invincible,
  Qui commande au monde surpris.
  Un tendre hymen, un fort paisible,
Dépendront du secret que vous aurez apris.

DALILA.

Que peut-il me cacher ? Il m'aime ;
  L'indifférent seul est discret :
Samson me parlera, j'en juge par moi-même :
  L'amour n'a point de secret.

SCENE II.

DALILA seule.

Secourez-moi, tendres amours,
Amenez la paix sur la terre ;
Cessez trompettes & tambours
D'annoncer la funeste guerre.
Brillez jour glorieux, le plus beau de mes jours ;
Hymen ! amour ! que ton flambeau l'éclaire ;
Qu'à jamais je puisse plaire,
Puisque je sens que j'aimerai toujours ;
Secondez-moi tendres amours,
Amenez la paix sur la terre.

SCENE III.

SAMSON, DALILA.

SAMSON.

J'Ai sauvé les Hébreux par l'éfort de mon
  bras,
  Et vous sauvez par vos apas
  Votre peuple & votre Roy même ;
C'est pour vous mériter que j'acorde la paix :
  Le Roy m'offre son Diadême,
Et je ne veux que vous, pour prix de mes bienfaits.

DALILA.

Tout vous craint dans ces lieux ; on s'empresse à
  vous plaire ;
  Vous régnez sur vos ennemis ;
Mais de tous les sujets que vous venez de faire,
  Mon cœur vous est le plus soumis.

SAMSON & DALILA *ensemble*.

  N'écoutons plus le bruit des armes ;
Mirthe amoureux, croissez près des lauriers ;
  L'amour est le prix des guerriers,
  Et la gloire en a plus de charmes.

SAMSON.

SAMSON.

L'hymen doit nous unir par des nœuds éternels !
Que tardez-vous encore ?
Venez, qu'un pur amour vous amene aux Autels
Du Dieu des combats que j'adore.

DALILA.

Ah ! formons ces doux nœuds au Temple de Vénus.

SAMSON.

Non, son culte est impie & ma loi le condamne :
Non, je ne puis entrer dans ce Temple prophane.

DALILA.

Si vous m'aimez, il ne l'est plus :
Arrêtez, regardez cette aimable demeure ;
C'est le Temple de l'Univers.
Tous les mortels, à tout âge, à toute heure,
Y viennent demander des fers.
Arrêtez, regardez cette aimable demeure ;
C'est le Temple de l'Univers.

SCENE

SCENE IV.

SAMSON, DALILA, CHŒUR de differens Peuples de Guerriers & de Pasteurs.

AIR

Amour, volupté pure,
Ame de la nature,
Maître des élémens,
L'Univers n'est formé, ne s'anime & ne dure
Que par tes regards bien-faisans.
Tendre Vénus, tout l'Univers t'implore;
Tout n'est rien sans tes feux.
On craint les autres Dieux; c'est Vénus qu'on adore;
Ils régnent sur le monde, & tu régnes sur eux.

GUERRIERS.

Vénus, notre fier courage,
Dans le sang, dans le carnage,
Vainement s'endurcit;
Tu nous désarmes,
Nous rendons les armes,
L'horreur à ta voix s'adoucit.

UNE PRESTRESSE.

Carressantes tourterelles,

De vos doux gémissemens,
Du bruit flâteur de vos aîles
Remplissez ces lieux charmants.
Chantez oyseaux, chantez; votre ramage tendre
Est la voix des plaisirs;
Chantez, Vénus doit vous entendre;
Sur les aîles des vents portez-lui nos soupirs.
Les filles de Flore
S'empressent d'éclore
Dans ce séjour;
La fraîcheur brillante
De la fleur naissante
Se passe en un jour.
Une plus belle
Nait auprès d'elle,
Plaît à son tour.
Sensible image
Des plaisirs du bel âge,
Sensible image
Du charmant amour.

SAMSON.

Je n'y résiste plus; le charme qui m'obséde,
Tirannise mon cœur, ennivre tous mes sens;
Possédez à jamais ce cœur qui vous posséde,
Et gouvernez tous mes momens;
Venez, vous vous troublez?

DALILA.

OPERA.

DALILA.

..... Ciel ! que vais-je lui dire ?

SAMSON.

D'où vient que votre cœur soupire ?

DALILA.

Je crains de vous déplaire, & je dois vous parler.

SAMSON.

Ah ! devant vous, c'est à moi de trembler ;
Parlez, que voulez-vous ?

DALILA.

Cet amour qui m'engage,
Fait ma gloire & mon bonheur ;
Mais il me faut un nouveau gage
Qui m'assure de votre cœur.

SAMSON.

Prononcez, tout sera possible
A ce cœur amoureux.

DALILA.

Dites-moi par quel charme heureux,
Par quel pouvoir secret cette force invincible ?

SAMSON.

Que me demandez-vous ? C'est un secret terrible
Entre le Ciel & moi.

DALILA.

SAMSON,
DALILA.

Ainsi vous doutez de ma foi ?
Vous doutez, & m'aimez ?

SAMSON.

Mon cœur est trop sensible ;
Mais ne m'imposez point cette funeste loi.

DALILA.

Un cœur sans confiance est un cœur sans tendresse.

SAMSON.

N'abusez point de ma foiblesse.

DALILA.

Cruel, quel injuste refus !
Notre hymen en dépend, nos nœuds seroient rompus.

SAMSON.

Arrêtez-vous.....

DALILA.

Parlez, c'est l'amour qui vous prie.

SAMSON.

Ah ! cessez d'écouter cette funeste envie.

DALILA.

Cessez de m'acabler de refus outrageans.

SAMSON.

Eh bien ! vous le voulez, l'amour me justifie ;

Mes

OPERA.

Mes cheveux, à mon Dieu, consacrez dès long-tems,
De ses bontez pour moi sont les sacrez garants.
Il voulut atacher ma force & mon courage
  A de si foibles ornemens.
  Ma gloire est son ouvrage.

DALILA.

Ces cheveux, dites-vous?....

SAMSON.

  ...... Qu'ai-je dit, malheureux?
Ma raison revient ; je frissonne.

TOUS DEUX ENSEMBLE.

  La terre mugit, le Ciel tonne,
Le Temple disparoît, l'astre du jour s'enfuit,
  L'horreur épaisse de la nuit
 De son voile affreux m'environne.

SAMSON.

J'ai trahi de mon Dieu le secret formidable.
  Amour, fatale volupté!
  C'est toi qui m'a précipité
  Dans un piége éfroïable,
Et je sens que Dieu m'a quitté.

SCENE

SCENE V.

PHILISTINS, SAMSON, LE GRAND-PRESTRE DES PHILISTINS.

LE GRAND-PRESTRE, *aux Philistins*.

VENEZ, ce bruit affreux, ces cris de la nature,
Ce tonnerre, tout nous assure
Que du Dieu des combats il est abandonné.

DALILA.

Que faites-vous, Peuple parjure ?

SAMSON.

Quoi, de mes ennemis je suis environné !
Tombez Tyrans.

Il combat.

PHILISTINS.

.... Cédez Esclave.

ENSEMBLE.

Frapons l'ennemi qui nous brave.

DALILA.

Arrêtez, cruels, arrêtez,

Tournez

Tournez sur moi vos cruautez.

SAMSON.

Tombez Tyrans.

PHILISTINS.

Cédez Esclave.

SAMSON.

Ah! quelle mortelle langueur;
Ma main ne peut porter cette fatale épée.
Ah! Dieu, ma valeur est trompée;
Dieu retire son bras vangeur.

PHILISTINS.

Frapons l'ennemi qui nous brave.
Il est vaincu; cédez Esclave.

SAMSON *entre leurs mains.*

Non, lâches; non, ce bras n'est point vaincu par vous.
C'est Dieu qui me livre à vos coups.

On l'emmene.

SCENE

SCENE VI.

DALILA *seule*.

O DESESPOIR! ô tourmens! ô tendresse!
Roy cruel! Peuples inhumains!
O Vénus, trompeuse Déesse!
Vous abusiez de ma foiblesse;
Vous avez préparé par mes fatales mains
L'abîme horrible où je l'entraîne;
Vous m'avez fait aimer le plus grand des humains
Pour hâter sa mort & la mienne.
Trône tombez, brûlez Autels,
Soïez réduits en poudre;
Tyrans affreux, Dieux cruels!
Puisse un Dieu plus puissant terrasser de sa foudre,
Vous & vos Peuples criminels.

CHŒUR, *derriére le Théâtre.*

Qu'il périsse,
Qu'il tombe en sacrifice
A nos Dieux.

DALILA.

Voix barbare! cris odieux!
Allons partager son suplice.

Fin du quatriéme Acte.

ACTE V.

Le Théâtre represente un Sallon du Palais.

SCENE I.

SAMSON *enchaîné* ; GARDES.

ROFONDS abîmes de la terre,
Enfer ouvre-toi ;
Frapez tonnerre,
Ecrasez-moi !
Mon bras a refusé de servir mon courage ;
Je suis vaincu, je suis dans l'esclavage.
Je ne te verrai plus, flambeau sacré des Cieux !
Lumière tu fuis de mes yeux !
Lumiére, brillante image,
D'un Dieu, ton auteur !
Premier ouvrage

SAMSON,
Du Créateur,
Douce lumiére!
Nature entiére,
Des voiles de la nuit, l'impénétrable horreur,
Te cache à ma triste paupiére.
Profonds abîmes, &c.

SCENE II.

SAMSON, CHŒUR D'HEBREUX.

PERSONNAGES DU CHŒUR.

HE'LAS! nous t'amenons nos Tribus enchaî-
nées,
Compagnes infortunées
De ton horrible douleur.

SAMSON.

Peuple saint! malheureuse race!
Mon bras relevoit ta grandeur,
Ma foiblesse a fait ta disgrace.
Quoi! Dalila me fuit? Chers amis pardonnez
A de si honteuses allarmes.

PERSONNAGES DU CHŒUR.

Elle a fini ses jours infortunez,
Oublions à jamais la cause de nos larmes.

SAMSON.

Quoi! j'éprouve un malheur nouveau,
Ce que j'adore est au tombeau!
Profonds abîmes de la terre,
Enfer ouvre-toi!

Frape

SAMSON.
Frape, tonnerre,
Ecrafe-moi.
SAMSON, ET DEUX CORIPHE'ES.
Amour, tyran que je détefte,
Tu détruis la vertu, tu traînes fur tes pas,
L'erreur, le crime, le trépas;
Trop heureux qui ne connoit pas
Ton pouvoir aimable & funefte!
UN CORIPHE'E.
Vos ennemis cruels s'avancent en ces lieux;
Ils viennent infulter au deftin qui nous preffe;
Ils ofent imputer au pouvoir de leurs Dieux,
Les maux affreux où Dieu nous laiffe.

SCENE

SCENE III.

LE ROY, CHŒUR DES PHILISTINS, SAMSON, CHŒUR DES HÉBREUX, DALILA.

LE ROY ET LE CHŒUR.

Levez vos accens vers vos Dieux favorables ;
Vangez leurs Autels, vangez-nous.

CHŒUR DES PHILISTINS.

Elevons nos accens, &c.

CHŒUR DES ISRAELITES.

Terminez nos jours déplorables.

SAMSON.

O Dieu vangeur, ils ne sont point coupables ;
Tourne sur moi tes coups.

CHŒUR DES PHILISTINS.

Elevons nos accens vers nos Dieux favorables ;
Vangeons leurs Autels, vangeons-nous.

SAMSON.

O Dieu.... pardonne.

SAMSON,
CHŒUR DES PHILISTINS.
Vangeons-nous.
LE ROY.

Inventons, s'il se peut, un nouveau châtiment;
Que le trait de la mort, suspendu sur sa tête,
Le menace encor & s'arrête;
Que Samson dans sa rage étende notre fête;
Que nos plaisirs soient son tourment.

SCENE

SCENE IV.

SAMSON, ISRAELITES, LE ROY, PRESTRESSES DE VE'NUS.

UNE PRESTRESSE.

Tous nos Dieux étonnez & cachez dans les Cieux,
Ne pouvoient sauver notre Empire;
Vénus avec un soûrire
Nous a rendus victorieux;
Mars a volé, guidé par elle,
Sur son char tout sanglant;
La Victoire immortelle
Tiroit son glaive étincellant
Contre tout un Peuple infidelle;
Et la nuit éternelle
Va dévorer leur Chef, interdit & tremblant.

UNE AUTRE.

C'est Vénus qui défend aux tempêtes
De gronder sur nos têtes;
Notre ennemi cruel entend encor nos fêtes,
Tremble de nos conquêtes,
Et tombe à son Autel.

LE ROY.

Eh bien ! qu'eſt devenu ce Dieu ſi redoutable,
Qui par tes mains devoit nous foudroïer ?
Une femme a vaincu ce fantôme éfroïable,
Et ſon bras languiſſant ne peut ſe déploïer.
Il t'abandonne ; il céde à ma puiſſance ;
Et tandis qu'en ces lieux j'enchaîne les deſtins,
Son tonnerre étouffé dans ſes débiles mains,
Se repoſe dans le ſilence.

SAMSON.

Grand Dieu ! j'ai ſoutenu cet horrible langage,
Quand il n'offenſe qu'un mortel.
On inſulte ton nom, ton culte, ton Autel ;
Leve-toi, vange ton outrage.

CHŒUR DES PHILISTINS.

Tes cris, tes cris ne ſont point entendus,
Malheureux, ton Dieu n'eſt plus.

SAMSON.

Tu peux encor armer cette main malheureuſe ;
Acorde-moi du moins une mort glorieuſe.

LE ROY.

Non, tu dois ſentir à longs traits
L'amertume de ton ſuplice ;
Qu'avec toi ton Dieu périſſe,
Et qu'il ſoit comme toi mépriſé pour jamais.

SAMSON.

SAMSON.

Tu m'inspires, enfin ; c'est sur toi que je fonde
　　Mes superbes desseins.
　Tu m'inspires, ton bras seconde
　　Mes languissantes mains.

LE ROY.

　Vil Esclave, qu'ose-tu dire ?
　Prêt à mourir dans les tourmens,
Peux-tu bien menacer ce formidable Empire
　　A tes derniers momens ?
　Qu'on l'immole, il est tems ;
　Frapez, il faut qu'il expire.

SAMSON.

　Arrêtez, je vais vous instruire
Des secrets de mon Peuple & du Dieu que je sers ;
Ce moment doit servir d'exemple à l'Univers.

LE ROY.

　Parles, aprends-nous tous tes crimes ;
　Livre-nous toutes nos victimes.

SAMSON.

Roy, commande que les Hébreux
Sortent de ta presence & de ce Temple affreux.

LE ROY.

Tu seras satisfait.

　　　　　　　　　　　　SAMSON.

SAMSON.
La Cour qui t'environne,
Tes Prêtres, tes Guerriers, sont-ils autour de toi?

LE ROY.
Ils y sont tous, explique-toi.

SAMSON.
Suis-je auprès de cette Colonne
Qui soutient ce séjour si cher aux Philistins?

LE ROY.
Oui, tu la touche de tes mains.

SAMSON, *ébranlant la Colonne*.
Temple odieux, que tes murs se renversent;
Que les débris se dispersent
Sur moi, sur ce peuple en fureur.

CHŒUR.
Tout tombe! tout périt! ô Ciel! ô Dieu vangeur!

SAMSON.
J'ai réparé ma honte & j'expire en vainqueur.

Fin du cinquième & dernier Acte.

LE FANATISME,

OU

MAHOMET
LE
PROPHÈTE
TRAGÉDIE.

AVIS
DE
L'ÉDITEUR,
En 1743.

J'AI cru rendre service aux amateurs des Belles-Lettres de publier une Tragédie du Fanatisme, si défigurée en France par deux éditions subreptices. Je sai très-certainement qu'elle fut composée par l'Auteur en 1736. & que dès-lors il en envoïa une copie au Prince Roïal, depuis Roi de Prusse, qui cultivoit les Lettres avec des succès surprenans, & qui en fait encore son délassement principal.

J'étois à Lille en 1741, quand Mr. de Voltaire y vint passer quelques jours ; il y avoit la meilleure Troupe d'Acteurs qui ait jamais été en Province. Elle représenta cet Ouvrage d'une manière qui satisfit beaucoup une très-nombreuse Assemblée; le Gouverneur de la Province & l'Intendant y assistérent plusieurs fois. On trouva que cette Piéce étoit d'un goût si nouveau, & ce sujet si délicat parut traité avec tant de sagesse, que plusieurs Prélats voulurent en voir une représentation par les mêmes Acteurs dans une maison particuliére. Ils en jugérent comme le Public.

L'Auteur fut encore assez heureux pour faire parvenir son Manuscrit entre les mains d'un des premiers hommes de l'Europe & de l'Eglise, qui soutient le poids des affaires avec fermeté, & qui juge des Ouvrages d'esprit avec un goût très-sûr, dans un âge où les hommes parviennent rarement, & où l'on conserve encore plus rarement son esprit & sa délicatesse. Il dit que la Piéce étoit écrite avec toute la circonspection convenable, & qu'on ne pouvoit éviter plus sagement les écueils du sujet; mais que pour ce qui regardoit la Poësie il y avoit encore des choses à corriger. Je sais en effet que l'Auteur les a retouchés avec beaucoup de soin. Ce fut aussi le sentiment d'un homme qui tient le même rang & qui n'a pas moins de lumiéres.

Enfin l'Ouvrage, approuvé d'ailleurs selon toutes les formes ordinaires, fut représenté à Paris le 9. d'Août 1742. Il y avoit une loge entiére remplie des premiers Magistrats de cette Ville; des Ministres même y furent présens. Ils pensérent tous comme les hommes éclairés que j'ai déja cités.

Il se trouva à cette premiére représentation quelques personnes qui ne furent pas de ce sentiment unanime.

DE L'EDITEUR.

unanime. Soit que dans la rapidité de la représentation ils n'eussent pas suivi assez le fil de l'Ouvrage ; soit qu'ils ne fussent pas accoutumés au Théâtre, ils furent blessés que Mahomet ordonnât un meurtre, & se servît de sa Religion pour encourager à l'assassinat un jeune homme qu'il fait l'instrument de son crime. Ces personnes, frappées de cette atrocité, ne firent pas assez réflexion qu'elle est donnée dans la Piéce comme le plus horrible de tous les crimes, & que même il est moralement impossible qu'elle puisse être donnée autrement. En un mot, ils ne virent qu'un côté ; ce qui est la maniére la plus ordinaire de se tromper. Ils avoient raison assûrement d'être scandalisés, en ne considérant que ce côté qui les révoltoit. Un peu plus d'attention les auroit aisément ramenés. Mais, dans la premiére chaleur de leur zèle, ils dirent que la Piéce étoit un Ouvrage très-dangereux, fait pour former des Ravaillacs & des Jâques Cléments.

On est bien surpris d'un tel jugement, & ces Messieurs l'ont désavoué sans doute. Ce seroit dire qu'Hermione enseigne à assassiner un Roi, qu'Electre apprend à tuer sa mere, que Cléopatre & Médée montrent à tuer leurs enfans. Ce seroit dire qu'Harpagon forme des avares ; le Joueur, des joueurs ; Tartufe, des hypocrites. L'injustice même contre Mahomet seroit bien plus grande que contre toutes ces Piéces ; car le crime du faux-Prophête y est mis dans un jour beaucoup plus odieux que ne l'est aucun des vices & des déréglemens que toutes ces Piéces représentent. C'est précisément contre les Ravaillacs & les Jâques Cléments que la Piéce est composée ; ce qui a fait dire à un homme de beaucoup d'esprit, que si Mahomet avoit été écrit du tems de Henri III. & de Henri IV. cet Ouvrage leur auroit sauvé la vie. Est-il possible qu'on ait pu faire un tel reproche à l'Auteur de la HENRIADE ? lui qui a élevé sa voix si souvent dans ce Poëme, & ailleurs, je ne dis pas seulement contre de tels attentats ; mais contre toutes les maximes qui peuvent y conduire.

J'avoue que plus j'ai lu les Ouvrages de cet Ecrivain, plus je les ai trouvés caractérisés par l'amour du bien public ; il inspire par-tout l'horreur contre les emportemens de la Rebellion, de la Persecution & du Fanatisme. Y a-t-il un bon Citoïen qui n'adopte toutes les maximes de la Henriade ? Ce Poëme ne fait-il pas aimer la véritable vertu ?

Mahomet me paraît écrit entiérement dans le même esprit, & je suis persuadé que ses plus grands ennemis en conviendront.

Il vit bien-tôt qu'il se formoit contre lui une Cabale dangereuse ; les plus ardens avoient parlé à des hommes en place, qui ne pouvant voir la représentation de la Piéce, devoient les en croire. L'illustre Moliére, la gloire de la France, s'étoit trouvé autrefois à peu près dans le même cas, lorsqu'on qu'on joua le Tartufe; il eut recours directement à Louïs le Grand, dont il étoit connu & aimé. L'autorité de ce Monarque dissipa bien-tôt les interprétations sinistres qu'on donnoit au Tartufe. Mais les tems sont differens; la protection qu'on accorde à des Arts tous nouveaux ne peut pas être toujours la même, après que ces Arts ont été long-tems cultivés. D'ailleurs, tel Artiste n'est pas à portée d'obtenir ce qu'un autre a eu aisément. Il eût fallu des mouvemens, des discussions, un nouvel examen. L'Auteur jugea plus à propos de retirer sa Piéce lui-même, après la troisiéme représentation, attendant que le tems adoucît quelques esprits prévenus; ce qui ne peut manquer d'arriver dans une Nation aussi spirituelle & aussi éclairée que la Française. On mit dans les nouvelles publiques que la Tragédie de Mahomet avoit été défendue par le Gouvernement. Je puis assûrer qu'il n'y a rien de plus faux. Non-seulement il n'y a pas eu le moindre ordre donné à ce sujet; mais il s'en faut beaucoup que les premières têtes de l'Etat, qui virent la représentation, aient varié un moment sur la sagesse qui régne dans cet Ouvrage.

Quelques personnes aïant transcrit à la hâte plusieurs Scènes aux représentations, & aïant eu un ou deux rôles des Acteurs, en ont fabriqué les éditions qu'on a faites clandestinement. Il est aisé de voir à quel point elles différent du véritable Ouvrage que je tiens de la main d'un homme irréprochable, ainsi que les autres Piéces que je donne ne dans l'édition présente. La plus curieuse, à mon gré, est la Lettre que l'Auteur écrivit à Sa Majesté le Roi de Prusse, lorsqu'il repassa par la Hollande, après être allé rendre ses respects à ce Monarque. C'est dans de telles Lettres, qui ne sont pas d'abord destinées à être publiques, qu'on voit les véritables sentimens des hommes. Celle que j'ai eue encore d'un ami de feu Mr. de s'Gravesende est de ce genre. J'espére qu'elle fera aux véritables Philosophes le même plaisir qu'elle m'a fait.

A Amsterdam le 18.
Novembre 1742.

P. D. L. M.

A SA MAJESTÉ LE ROI DE PRUSSE.

A Rotterdam le 20. Janvier 1742.

SIRE,

JE ressemble à présent aux Pélerins de la *Mèque*, qui tournent leurs yeux vers cette Ville après l'avoir quittée : je tourne les miens vers votre Cour. Mon cœur, pénétré des bontés de VOTRE MAJESTE', ne connaît que la douleur de ne pouvoir vivre auprès d'Elle. Je prends la liberté de lui envoïer une nouvelle Copie de cette *Tragédie de Mahomet*, dont elle a bien voulu, il y a déja long-tems, voir les premiéres esquisses. C'est un tribut que je païe à l'amateur des Arts, au juge éclairé ; sur-tout au Philosophe beaucoup plus qu'au Souverain.

Votre Majesté sait quel esprit m'animoit en composant cet Ouvrage. L'amour du genre-humain & l'horreur du *Fanatisme*, deux vertus qui sont faites pour être toujours auprès de votre Trône, ont conduit ma plume. J'ai toujours pensé que la *Tragédie* ne doit pas être un simple Spectacle qui touche le cœur sans le corriger. Qu'importent au genre-humain les passions & les malheurs d'un Héros de l'Antiquité, s'ils ne servent pas à nous instruire ? On avoue que la *Comédie du Tartufe*, ce chef-d'œuvre qu'aucune Nation n'a égalé, a fait beaucoup de bien aux hommes, en montrant l'hypocrisie dans toute sa laideur. Ne peut-on pas essaïer d'attaquer dans une *Tragédie* cette espéce d'imposture qui met en œuvre à la fois l'hypocrisie des uns & la fureur des autres ? Ne peut-on pas remonter jusqu'à ces anciens scélérats, fondateurs illustres de la *Superstition* & du *Fanatisme*, qui les premiers ont pris le couteau sur l'Autel pour faire des Victimes de ceux qui refusoient d'être leurs Disciples ?

Ceux qui diront que les tems de ces crimes sont passés, qu'on ne verra plus de *Barcochebas*, de *Mahomets*, de *Jeans de Leyde*, &c. que les flâmes des guerres de Religion sont éteintes, font ce me semble trop d'honneur à la nature-humaine. Le même poison subsiste encore, quoique

que moins développé ; cette peste, qui semble étouffée, reproduit de tems en tems des germes capables d'infecter la terre. N'a-t-on pas vu de nos jours les Prophêtes des *Cévennes* tuer au nom de Dieu ceux de leur secte qui n'étoient pas assez soumis ?

L'action que j'ai peinte est atroce ; & je ne sai si l'horreur a été plus loin sur aucun Théâtre. C'est un jeune homme né avec de la vertu, qui, séduit par son Fanatisme, assassine un vieillard qui l'aime, & qui dans l'idée de servir Dieu, se rend coupable, sans le savoir, d'un parricide ; c'est un Imposteur qui ordonne ce meurtre, & qui promet à l'assassin un inceste pour récompense.

J'avoue que c'est mettre l'horreur sur le Théâtre, & VOTRE MAJESTE' est bien persuadée qu'il ne faut pas que la *Tragédie* consiste uniquement dans une déclaration d'amour, une jalousie & un mariage.

Nos Historiens même nous apprennent des actions plus atroces que celle que j'ai inventée. Séide ne sait pas du moins que celui qu'il assassine est son pere ; & quand il a porté le coup, il éprouve un repentir aussi grand que son crime. Mais *Mezeray* raporte qu'à *Melun* un pere tua son fils de sa main pour sa Religion & n'en eut aucun repentir.

On connait l'avanture des deux frères *Diaz*, dont l'un étoit à *Rome*, & l'autre en *Allemagne*, dans les commencemens des troubles excités par *Luther*. *Barthélemi Diaz* apprenant à *Rome* que son frére donnoit dans les opinions de *Luther* à *Francfort*, part de *Rome* dans le dessein de l'assassiner, arrive & l'assassine. J'ai lu dans Herrera, Auteur Espagnol, que ce *Barthélemi Diaz risquoit beaucoup par cette action; mais que rien n'ébranle un homme d'honneur quand la probité le conduit.*

Herrera, dans une Religion toute sainte & toute ennemie de la cruauté, dans une Religion qui enseigne à souffrir & non à se venger, étoit donc persuadé que la *probité* peut conduire à l'assassinat & au parricide! Et on ne s'élévera pas de tous côtés contre ces maximes infernales ?

Ce sont ces maximes qui mirent le poignard à la main du Monstre qui priva la *France* de Henri *le Grand* : Voilà ce qui plaça le Portrait de *Jâques Clément* sur l'Autel, & son nom parmi les Bienheureux ; c'est ce qui couta la vie à *Guillaume Prince d'Orange*, Fondateur de la liberté & de la grandeur des *Hollandais*. D'abord *Salcéde* le blessa au front d'un coup de pistolet : & Strada raconte que *Salcéde* (ce sont ses propres mots) n'osa entreprendre cette action qu'après avoir purifié son ame par la confession aux piés d'un *Dominicain*, & l'avoir fortifiée par le Pain Céleste. Herrera dit quelque chose de plus insensé & de plus atroce.

Estendo

Estendo firme con el exemplo de nuestro Salvadore Jesu Christo y de su Sanctos.

Balthazar Girard, qui ôta enfin la vie à ce grand-homme, en usa de même que Salcéde.

Je remarque que tous ceux qui ont commis de bonne-foi de pareils crimes, étoient de jeunes gens comme *Séide*. Balthafar Girard avoit environ vingt années. Quatre Espagnols qui avoient fait avec lui serment de tuer le Prince, étoient de même âge. Le Monstre qui tua *Henri III.* n'avoit que vingt-quatre ans. Poltrot qui assassina le *Grand Duc de Guise*, en avoit vingt-cinq; c'est le tems de la séduction & de la fureur.

J'ai été presque témoin en *Angleterre* de ce que peut sur une imagination jeune & foible la force du *Fanatisme*. Un enfant de seize ans, nommé *Shepherd*, se chargea d'assassiner le Roi *George I.* votre Aïeul maternel. Quelle étoit la cause qui le portoit à cette frénésie? C'étoit uniquement que *Shepherd* n'étoit pas de la même Religion que le Roi. On eut pitié de sa jeunesse, on lui offrit sa grace, on le sollicita long-tems au repentir; il persista toujours à dire, qu'il valoit mieux obéir à Dieu qu'aux hommes, & que s'il étoit libre, le premier usage qu'il feroit de sa liberté seroit de tuer son Prince. Ainsi on fut obligé de l'envoïer au supplice, comme un Monstre qu'on désespéroit d'apprivoiser.

J'ose

J'ose dire que quiconque a un peu vécu avec les hommes, a pû voir quelquefois combien aisément on est prêt à sacrifier la nature à la superstition. Que de peres ont détesté & deshérité leurs enfans ! que de fréres ont poursuivi leurs fréres par ce funeste principe ! J'en ai vû des exemples dans plus d'une famille.

Si la *Superstition* ne se signale pas toujours par ces excès qui sont comptés dans l'Histoire des crimes ; elle fait dans la société tous les petits maux innombrables & journaliers qu'elle peut faire. Elle désunit les amis ; elle divise les parens ; elle persécute le sage, qui n'est qu'homme de bien, par la main du fou qui est entousiaste. Elle ne donne pas toujours de la ciguë à *Socrate* ; mais elle bannit *Descartes* d'une Ville qui devoit être l'azyle de la liberté ; elle donne à *Jurieu*, qui faisoit le Prophéte, assez de crédit pour réduire à la pauvreté les Savans & le Philosophe *Bayle*. Elle bannit, elle arrache à une florissante jeunesse qui court à ses leçons le Successeur du grand *Leibintz* ; & il faut, pour le rétablir, que le Ciel fasse naître un *Roi Philosophe* ; vrai miracle qu'il fait bien rarement. En vain la raison humaine se perfectionne par la Philosophie qui fait tant de progrès en *Europe*. En vain, vous sur-tout, *Grand Prince*, vous efforcez-vous de pratiquer & d'inspirer cette Philosophie si humaine ; on voit dans ce même siécle, où la raison éleve son trône d'un côté, le

plus

plus absurde *Fanatisme* dresser encore ses autels de l'autre.

On pourra me reprocher, que donnant trop à mon zèle, je fais commettre dans cette Piéce un crime à *Mahomet*, dont en effet il ne fut point coupable.

Mr. le Comte de *Boulainvilliers* écrivit, il y a quelques années, la vie de ce Prophête. Il essaïa de le faire passer pour un grand-homme, que la Providence avoit choisi pour punir les Chrétiens, & pour changer la face d'une partie du monde.

Mr. *Sale*, qui nous a donné une excellente Version de l'*Alcoran* en *Anglais*, veut faire regarder *Mahomet* comme un *Numa* & comme un *Théfée*. J'avouë qu'il faudroit le respecter, si né Prince légitime, ou appellé au Gouvernement par le suffrage des siens, il avoit donné des Loix paisibles comme *Numa*, ou défendu ses Compatriotes, comme on le dit de *Théfée*. Mais qu'un Marchand de chameaux excite une sédition dans sa Bourgade; qu'associé à quelques malheureux *Coracites*, il leur persuade qu'il s'entretient avec l'*Ange Gabriel*; qu'il se vante d'avoir été ravi au Ciel, & d'y avoir reçu une partie de ce Livre inintelligible, qui fait frémir le sens-commun à chaque page; que pour faire respecter ce Livre il porte dans sa Patrie le fer & la flâme; qu'il égorge les peres; qu'il raville les filles; qu'il donne aux vaincus le choix de

sa

sa Religion ou de la mort ; c'est assurément ce que nul homme ne peut excuser, à moins qu'il ne soit né *Turc*, & que la superstition n'étouffe en lui toute lumière naturelle.

Je sai que *Mahomet* n'a pas tramé précisément l'espéce de trahison qui fait le sujet de cette *Tragédie*. L'Histoire dit seulement qu'il enleva la femme de *Séide*, l'un de ses Disciples, & qu'il persécuta *Abusofian*, que je nomme *Zopire* ; mais quiconque fait la guerre à son Païs, & ose la faire au nom de Dieu, n'est-il pas capable de tout ? Je n'ai pas prétendu mettre seulement une action vraïe sur la scène ; mais des mœurs vraïes, faire penser les hommes comme ils pensent dans les circonstances où ils se trouvent, & représenter enfin ce que la fourberie peut inventer de plus atroce, & ce que le *Fanatisme* peut exécuter de plus horrible. *Mahomet* n'est ici autre chose que *Tartufe* les armes à la main.

Je me croirai bien récompensé de mon travail, si quelqu'une de ces ames faibles, toujours prêtes à recevoir les impressions d'une fureur étrangére qui n'est pas au fond de leur cœur, peut s'affermir contre ces funestes séductions par la lecture de cet Ouvrage ; si après avoir eu en horreur la malheureuse obéïssance de *Séide*, elle se dit à elle-même, pourquoi obéïrois-je en aveugle à des aveugles qui me crient : Haïssez, persécutez, perdez celui qui est assez téméraire

AU ROI DE PRUSSE.

méraire pour n'être pas de notre avis sur des choses même indifférentes que nous n'entendons pas ?

Que ne puis-je servir à déraciner de tels sentimens chez les hommes ! L'esprit d'indulgence feroit des frères, celui d'intolérance peut former des monstres.

C'est ainsi que pense VOTRE MAJESTÉ. Ce seroit pour moi la plus grande des consolations de vivre auprès de ce *Roi Philosophe*. Mon attachement est égal à mes regrets; & si d'autres devoirs m'entraînent, ils n'effaceront jamais de mon cœur les sentimens que je dois à ce Prince, qui pense & qui parle en homme, qui fuit cette fausse gravité sous laquelle se cachent toujours la petitesse & l'ignorance, qui se communique avec liberté, parce qu'il ne craint point d'être pénétré ; qui veut toujours s'instruire, & qui peut instruire les plus éclairés.

Je serai toute ma vie avec le plus profond respect & la plus vive reconnaissance, &c.

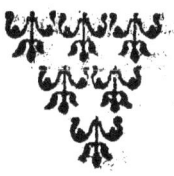

LETTRE
DE
Mʀ. DE VOLTAIRE
AU
PAPE BENOIT XIV.

Bmo. PADRE.

A Santita Vostra perdonera l'ardire che prende uno de' più infimi fedeli, ma uno de' maggiori ammiratori della virtù, di sottomettere al Capo della vera Religione questa opera contro il fondatore d'una falsa e barbara setta.

A chi potrei più convenevolmente dedicare la Satira della crudelta e degli errori d'un falso Profeta, che al Vicario ed imitatore d'un Dio di verita e di mansuetudine?

Vostra Santita mi conceda dunque di poter mettere a i suoi piedi il libretto & l'autore e di domandare umilmente la sua protezzione per l'uno e le sue benedizioni per l'altro. In tanto profundissima mente m'inchino e le baccio i sacri piedi.

Parigi, 17. *Augusto*
1745.

LETTRE
DU
SOUVERAIN PONTIFE
BENOIT XIV.
A Mr. DE VOLTAIRE

Benedictus P. P. XIV. dilecto filio Salutem apostolicam & benedictionem.

ETTIMANE sono ci fu presentato da sua parte la sua belissima Tragedia di Mahomet, la quale leggemmo con sommo piacere. Poi ci presento il Cardinal Passionei indi lei nome il suo eccelente Poëma di *Fontenoy*. Monsignor Leprotti ci diede poscia il distico fatto da lei sotto il nostro rittratto. Ieri matina il Cardinal Valenti ci presento la di lei Lettera del 17. Agosto in questa serie d'azzioni si contengono molti capi per ciascheduno dequali ci riconosciamo in obligo di ringraziarla. Noi gli uniamo tutti assieme, e rendiamo a lei le dovute grazie per cosi singolare bonta verso di noi, assicurando la che abbiamo tutta la dovuta stima del suo tanto aplaudito merito.

Publicato in Roma il di lei distico * sopra detto, ei fu

---

* Voici le Distique :

*Lambertinus hic est Romæ decus & Pater orbis
Qui mundum scriptis docuit, virtutibus ornat.*

fu riferito esserui stato un suo paesano letterato che in una publica conversazione aveva detto peccare in una sillaba havendo fatta la parola *hic* breue, quando sempre deve esser longa.

Rispondemmo che sbagliava potendo essere la parola e breve e longa, conforme vuole il poëta, avendo la Virgilio fatta breve in quel verso :

Solus hic inflexit sensus animumque labantem,

havendola fatta longa in un altro :

Hic finis Priami fatorum, hic exitus illum.

Ci sembra d'aver risposto ben epresso ancor che siano più di cinquanta anni che non habbiamo letto Virgilio. Benche la causa sia propria della sua personna, habbiamo tanta buona idea della sua sincerità e probità che facciamo la stessa giudice sopra il punto della ragione a chi assista, se a noi o al suo oppositore ed in tanto restiamo col dare a lei l'apostolica benedizione.

Datum Romæ apud Sanctam Mariam majorem die 19. Sept. 1745. Pontificatus nostri anno sexto.

LETTRE

LETTRE
DE REMERCIMENT DE Mr. DE VOLTAIRE AU PAPE.

NON vengono tanto meglio figurate le fatezze di Vostra Beatitudine su i medaglioni che ho ricevuti d'alla sua singolare benignità, di quello che si vedono expressi l'ingegno e l'Animo suo nella Lettera della quale s'è degnata d'honorar mi; ne porgo a i suoi piedi le più vive ed umilissime grazie.

Veramente sono in obligo di riconoscere la sua infallibilità nelle decizioni di Letteratura, sì come nelle altre cose più riverende : V. S. é più prattica del Latino che quel Francese il di cui sbaglio s'e degnata di coregere: mi maraviglio come si ricordi cosi appuntino del suo Virgilio. Tra i più letterati Monarche furono sempre segnalati i summi Pontifici, ma tra loro, credo che non se ne trovasse mai uno che adornasse tanta dottrina di tanti fregi di bella Letteratura ;

Agnosco rerum dominos gentemque togatam.

Se il Francese che sbaglio nel reprehendere questo, *hic* avesse tenuto a mente Virgilio come fa Vostra Beatitudine, avrebbe potuto citare un bene addatto verso dove *hic* e breve e longo insiéme. Questo bel verso mi pareva un prezagio de'i favori a me conferiti d'alla sua beneficenza. Eccolo.

Hic vir hic est tibi quem promitti sæpius audis.

Così Roma doveva gridare quando Bened. XIV. fu esaltato. In tanto baccio con somma rivenza e gratitudine i suoi sacri piedi, &c.

ACTEURS.

ACTEURS

MAHOMET.

ZOPIRE, Scheich ou Schérif de la Mèque.

OMAR, Lieutenant de Mahomet.

SEIDE,
PALMIRE, } Esclaves de Mahomet.

PHANOR, Sénateur de la Mèque.

TROUPE de Méquois.

TROUPE de Musulmans.

La Scène est à la Mèque.

LE FANATISME,
OU MAHOMET LE PROPHÊTE.
TRAGÉDIE.

ACTE PREMIER.

SCENE I.
ZOPIRE, PHANOR.

ZOPIRE.

QUI, moi, baisser les yeux devant ses faux prodiges ?
Moi de ce Fanatique encenser les prestiges ?
L'honorer dans la Mèque après l'avoir banni ?
Non. Que des justes Dieux Zopire soit puni,

Si

Si tu vois cette main, jusqu'ici libre & pure,
Careſſer la révolte & flatter l'impoſture.

PHANOR.

Nous chériſſons en vous ce zèle paternel
Du Chef auguſte & Saint du Sénat d'Iſmaël;
Mais ce zèle eſt funeſte, & tant de réſiſtance,
Sans laſſer Mahomet, irrite ſa vengeance.
Contre ſes attentats vous pouviez autrefois
Lever impunément le fer ſacré des Loix,
Et des embraſemens d'une guerre immortelle
Etouffer ſous vos piés la premiére étincelle;
Mahomet Citoïen ne parut à vos yeux
Qu'un novateur obſcur, un vil ſéditieux:
Aujourd'hui c'eſt un Prince; il triomphe, il domine
Impoſteur à la Mèque, & Prophête à Médine,
Il ſait faire adorer à trente Nations
Tous ces mêmes forfaits qu'ici nous déteſtons.
Que dis-je? en ces murs même une troupe égarée,
Des poiſons de l'erreur avec zèle enyvrée,
De ſes miracles faux ſoutient l'illuſion,
Répand le Fanatiſme & la ſédition;
Appelle ſon armée, & croit qu'un Dieu terrible,
L'inſpire, le conduit & le rend invincible.
Tous nos vrais Citoïens avec vous ſont unis;
Mais les meilleurs conſeils ſont-ils toujours ſuivis?
L'amour des nouveautés, le faux-zèle, la crainte,
De la Mèque allarmée ont déſolé l'enceinte;

Et

Et ce Peuple en tout tems, chargé de vos bienfaits,
Crie encor à son Pere, & demande la paix.

ZOPIRE.

La paix avec ce traître ! Ah, Peuple sans courage,
N'en attendez jamais qu'un horrible esclavage.
Allez, portez en pompe, & servez à genoux
L'Idole dont le poids va vous écraser tous.
Moi, je garde à ce fourbe une haine éternelle ;
De mon cœur ulcéré la plaïe est trop cruelle ;
Lui-même a contre moi trop de ressentimens.
Le cruel fit périr ma femme & mes enfans ;
Et moi jusqu'en son camp j'ai porté le carnage ;
La mort de son fils même honora mon courage ;
Les flambeaux de la haine entre nous allumés
Jamais des mains du tems ne seront consumés.

PHANOR.

Ne les éteignez point ; mais cachez-en la flâme ;
Immolez au Public les douleurs de votre ame.
Quand vous verrez ces lieux par ses mains ravagés,
Vos malheureux enfans seront-ils mieux vangés ?
Vous avez tout perdu, fils, frére, épouse, fille ;
Ne perdez point l'Etat ; c'est-là votre famille.

ZOPIRE.

On ne perd les Etats que par timidité.

PHANOR.

On périt quelquefois par trop de fermeté.

ZOPIRE.

ZOPIRE.

Périssons, s'il le faut.

PHANOR.

Ah ! quel triste courage
Vous fait si près du port exposer au naufrage ?
Le Ciel, vous le voïez, a remis en vos mains
De quoi fléchir encor ce Tyran des humains.
Cette jeune Palmire en ces camps élevée,
Dans vos derniers combats par vous-même enlevée,
Semble un Ange de paix descendu parmi nous,
Qui peut de Mahomet appaiser le couroux.
Déja par ses Hérauts il l'a redemandée.

ZOPIRE.

Tu veux qu'à ce barbare elle soit accordée ?
Tu veux que d'un si cher & si noble trésor
Ses criminelles mains s'enrichissent encor ?
Quoi ! lorsqu'il nous apporte & la fraude & la guer-
 re,
Lorsque son bras enchaîne & ravage la terre,
Les plus tendres appas briguerontsa faveur,
Et la beauté sera le prix de la fureur ?
Ce n'est pas qu'à mon âge, aux bornes de ma vie,
Je porte à Mahomet une honteuse envie ;
Ce cœur triste & flétri, que les ans ont glacé,
Ne peut sentir les feux d'un désir insensé.
Mais soit qu'en tous les tems un objet né pour plai-
 re,

Arrache

TRAGEDIE. 27

Arrache de nos vœux l'hommage involontaire;
Soit que privé d'enfans je cherche à dissiper
Cette nuit de douleurs qui vient m'enveloper;
Je ne sai quel penchant pour cette infortunée
Remplit le vuide affreux de mon ame étonnée.
Soit faiblesse ou raison, je ne puis sans horreur
La voir aux mains d'un Monstre artisan de l'erreur.
Je voudrois qu'à mes vœux heureusement docile,
Elle-même en secret pût chérir cet azile;
Je voudrois que son cœur, sensible à mes bienfaits
Détestât Mahomet autant que je le hais.
Elle veut me parler sous ces sacrés Portiques,
Non loin de cet Autel de nos Dieux domestiques;
Elle vient, & son front, siége de la candeur,
Annonce en rougissant les vertus de son cœur.

B 2   SCENE

SCENE II.
ZOPIRE, PALMIRE.

ZOPIRE.

Jeune & charmant objet, dont le sort de la guerre
Propice à ma vieillesse honora cette terre,
Vous n'êtes point tombé en de barbares mains ;
Tout respecte avec moi vos malheureux destins,
Votre âge, vos beautés, votre aimable innocence.
Parlez, & s'il me reste encor quelque puissance,
De vos justes désirs si je remplis les vœux,
Ces derniers de mes jours seront des jours heureux.

PALMIRE.

Seigneur, depuis deux mois sous vos loix prisonnière,
Je dus à mes destins pardonner ma misère :
Vos généreuses mains s'empressent d'effacer
Les larmes que le Ciel me condanne à verser.
Par vous, par vos bienfaits à parler enhardie,
C'est de vous que j'attends le bonheur de ma vie.
Aux vœux de Mahomet j'ose ajouter les miens.
Il vous a demandé de briser mes liens ;

Puis-

Puissiez-vous l'écouter, & puissai-je lui dire,
Qu'après le Ciel & lui je dois tout à Zopire !

ZOPIRE.

Ainsi de Mahomet vous regrettez les fers,
Ce tumulte des camps, ces horreurs des déserts,
Cette Patrie errante au trouble abandonnée.

PALMIRE.

La Patrie est aux lieux où l'ame est enchaînée.
Mahomet a formé mes premiers sentimens,
Et ses femmes en paix guidoient mes faibles ans ;
Leur demeure est un Temple, où ces femmes sacrées
Levent au Ciel des mains de leur Maître adorées.
Le jour de mon malheur, hélas ! fut le seul jour
Où le sort des combats a troublé leur séjour.
Seigneur aïez pitié d'une ame déchirée,
Toujours présente aux lieux dont je suis séparée.

ZOPIRE.

J'entends : vous espérez partager quelque jour
De ce Maître orgueilleux & la main & l'amour.

PALMIRE.

Seigneur, je le révére, & mon ame tremblante
Croit voir dans Mahomet un Dieu qui m'épouvante.
Non, d'un si grand hymen mon cœur n'est point flatté ;
Tant d'éclat convient mal à tant d'obscurité.

ZOPIRE.

Ah ! qui que vous soïez, il n'est point né peut-être

Pour être votre époux, encor moins votre maître;
Et vous semblez d'un sang fait pour donner des loix
A l'Arabe insolent qui marche égal aux Rois.

PALMIRE.

Nous ne connaissons point l'orgueil de la naissance,
Sans parens, sans Patrie, esclaves dès l'enfance,
Dans notre égalité nous chérissons nos fers;
Tout nous est étranger, hors le Dieu que je sers.

ZOPIRE.

Tout vous est étranger! Cet état peut-il plaire?
Quoi! vous servez un maître, & n'avez point de pere?
Dans mon triste Palais, seul & privé d'enfans,
J'aurois pu voir en vous l'appui de mes vieux ans.
Le soin de vous former des destins plus propices
Eût adouci des miens les longues injustices.
Mais non, vous abhorrez ma Patrie & ma Loi.

PALMIRE.

Comment puis-je être à vous? je ne suis point à moi.
Vous aurez mes regrets, votre bonté m'est chére;
Mais enfin Mahomet m'a tenu lieu de pere.

ZOPIRE.

Quel pere! justes Dieux! lui? ce Monstre imposteur?

PALMIRE.

Ah! quels noms inouïs lui donnez-vous, Seigneur?
Lui, dans qui tant d'Etats adorent leur Prophête;
Lui, l'envoïé du Ciel, & son seul interprête.

ZOPIRE.

ZOPIRE.

Etrange aveuglement des malheureux mortels !
Tout m'abandonne ici pour dresser des Autels
A ce coupable heureux qu'épargna ma justice,
Et qui courut au Trône échappé du supplice.

PALMIRE.

Vous me faites frémir, Seigneur, & de mes jours
Je n'avois entendu ces horribles discours.
Mon penchant, je l'avoue, & ma reconnaissance
Vous donnoient sur mon cœur une juste puissance,
Vos blasphêmes affreux contre mon Protecteur,
A ce penchant si doux font succéder l'horreur.

ZOPIRE.

O superstition ! tes rigueurs inflexibles
Privent d'humanité les cœurs les plus sensibles.
Que je vous plains, Palmire, & que sur vos erreurs
Ma pitié, malgré moi, me fait verser de pleurs !

PALMIRE.

Et vous me refusez !

ZOPIRE.

    Oui. Je ne puis vous rendre
Au Tyran qui trompa ce cœur flexible & tendre.
Oüi, je crois voir en vous un bien trop précieux,
Qui me rend Mahomet encor plus odieux.

SCENE III.
ZOPIRE, PALMIRE, PHANOR.

ZOPIRE.

Que voulez-vous, Phanor?

PHANOR.

Aux portes de la Ville,
D'où l'on voit de Moad la campagne fertile,
Omar est arrivé.

ZOPIRE.

Qui? ce farouche Omar?
Que l'erreur aujourd'hui conduit après son char,
Qui combattit long-tems le Tyran qu'il adore,
Qui vengea son Païs?

PHANOR.

Peut-être il l'aime encore.
Moins terrible à nos yeux, cet insolent guerrier,
Portant entre ses mains le glaive & l'olivier,
De la paix à nos Chefs a présenté le gage.
On lui parle, il demande, il reçoit un otage.
Séide est avec lui.

PAL-

TRAGEDIE.
PALMIRE.

Grand Dieu, deſtin plus doux!
Quoi! Séïde?

PHANOR.

Omar vient, il s'avance vers vous.

ZOPIRE.

Il le faut écouter. Allez, jeûne Palmire.

(Palmire ſort.)

Omar devant mes yeux! qu'oſera-t-il me dire?
O Dieux de mon païs, qui depuis trois mille ans
Protégiez d'Iſmaël les généreux enfans;
Soleil, ſacrés flambeaux, qui dans votre carriére,
Images de ces Dieux, nous prêtez leur lumiére,
Voïez & ſoutenez la juſte fermeté
Que j'oppoſai toujours contre l'iniquité.

SCENE IV.

ZOPIRE, OMAR, PHANOR, suites

ZOPIRE.

H bien, après six ans tu revois ta Patrie,
Que ton bras défendit, que ton cœur a trahie.
Ces murs sont encor pleins de tes premiers exploits.
Déserteur de nos Dieux, déserteur de nos loix,
Persécuteur nouveau de cette Cité sainte,
D'où vient que ton audace en profane l'enceinte?
Ministre d'un Brigand qu'on dut exterminer,
Parle; que me veux-tu?

OMAR.

Je veux te pardonner.
Le Prophête d'un Dieu, par pitié pour ton âge,
Pour tes malheurs passés, sur-tout pour ton courage,
Te présente une main qui pouvoit t'écraser,
Et j'apporte la paix qu'il daigne proposer.

ZOPIRE.

Un vil Séditieux prétend avec audace
Nous accorder la paix, & non demander grace!
Souffrirez-vous, grands Dieux, qu'au gré de ses forfaits

Mahomet

Mahomet nous ravisse ou nous rende la paix ?
Et vous, qui vous chargez des volontés d'un traître,
Ne rougissez-vous point de servir un tel Maître ?
Ne l'avez-vous pas vu, sans honneur & sans biens,
Ramper au dernier rang des derniers Citoïens ?
Qu'alors il étoit loin de tant de renommée !

OMAR.

A tes viles grandeurs ton ame accoutumée
Juge ainsi du mérite, & pése les humains
Au poids que la fortune avoit mis dans tes mains.
Ne sais-tu pas encore, homme faible & superbe,
Que l'insecte insensible, enseveli sous l'herbe,
Et l'Aigle impérieux, qui plane au haut du Ciel,
Rentrent dans le néant aux yeux de l'Eternel,
Les mortels sont égaux ; ce n'est point la naissance,
C'est la seule vertu qui fait leur différence.
Il est de ces esprits favorisés des Cieux,
Qui sont tout par eux-mêmes, & rien par leurs aïeux.
Tel est l'homme, en un mot, que j'ai choisi pour Maître ;
Lui seul dans l'Univers a mérité de l'être.
Tout mortel à sa Loi doit un jour obéïr,
Et j'ai donné l'exemple aux siécles à venir.

ZOPIRE.

Je te connais, Omar ; en vain ta politique
Vient m'étaler ici ce tableau fanatique.
En vain tu peux ailleurs éblouïr les esprits,

Ce que ton peuple adore, excite mes mépris.
Bannis toute imposture, & d'un coup d'œil plus sage
Regarde ce Prophête à qui tu rends hommage.
Voi l'homme en Mahomet, conçoi par quel degré
Tu fais monter aux Cieux ton Fantôme adoré.
Entousiaste, ou fourbe, il faut cesser de l'être;
Sers-toi de ta raison, juge avec moi ton Maître.
Tu verras de chameaux un grossier conducteur,
Chez sa première épouse insolent imposteur,
Qui sous le vain appas d'un songe ridicule,
Des plus vils des humains tente la foi crédule.
Comme un séditieux à mes piés amené,
Par quarante Vieillards à l'exil condanné;
Trop léger châtiment qui l'enhardit au crime.
De caverne en caverne il fuit avec Fatime.
Ses Disciples errans de Cités en Déserts,
Proscrits, persécutés, bannis, chargés de fers,
Proménent leur fureur, qu'ils appellent divine,
De leurs venins bien-tôt ils infectent Médine.
Toi-même alors, toi-même, écoutant la raison,
Tu voulus dans sa source arrêter le poison;
Je te vis plus heureux, & plus juste & plus brave,
Attaquer le Tyran dont je te vois l'esclave.
S'il est un vrai Prophête, osas-tu le punir?
S'il est un Imposteur, oses-tu le servir?

OMAR.

Je voulus le punir, quand mon peu de lumiére

Méconnut ce grand-homme entré dans la carriére.
Mais enfin quand j'ai vu que Mahomet est né
Pour changer l'Univers à ses piés consterné;
Quand mes yeux éclairés du feu de son génie
Le virent s'élever dans sa course infinie,
Eloquent, intrépide, admirable en tout lieu,
Agir, parler, punir, ou pardonner en Dieu,
J'associai ma vie à ses travaux immenses;
Des Trônes, des Autels en sont les récompenses.
Je fus, je te l'avoue, aveugle comme toi,
Ouvre les yeux, Zopire, & change ainsi que moi.
Et sans plus me vanter les fureurs de ton zèle,
Ta persécution, si vaine & si cruelle,
Nos fréres gémissans, notre Dieu blasphêmé,
Tombe aux piés d'un Héros par toi-même opprimé.
Viens baiser cette main qui porte le tonnerre.
Tu me vois après lui le premier de la terre;
Le poste qui te reste est encor assez beau,
Pour fléchir noblement sous ce Maître nouveau.
Voi ce que nous étions, & voi ce que nous sommes.
Le peuple aveugle & faible est né pour les grands-
    hommes,
Pour admirer, pour croire & pour nous obéïr.
Viens régner avec nous, si tu crains de servir;
Partage nos grandeurs au lieu de t'y soustraire,
Et las de l'imiter, fais trembler le vulgaire.

ZOPIRE.

Ce n'est qu'à Mahomet, à ses pareils, à toi,
Que

Que je prétens, Omar, inspirer quelque effroi.
Tu veux que du Sénat le Schérif infidelle
Encense un Imposteur, & couronne un Rebelle !
Je ne te nierai point que ce fier Séducteur
N'ait beaucoup de prudence & beaucoup de valeur.
Je connais comme toi les talens de ton Maître ;
S'il étoit vertueux, c'est un Héros peut-être.
Mais ce Héros, Omar, est un traître, un cruel,
Et de tous les Tyrans c'est le plus criminel.
Cesse de m'annoncer sa trompeuse clémence ;
Le grand art qu'il possède est l'art de la vengeance.
Dans le cours de la guerre un funeste destin
Le priva de son fils que fit périr ma main ;
Mon bras perça le fils, ma voix bannit le pere ;
Ma haine est inflexible ainsi que sa colére ;
Pour rentrer dans la Mèque il doit m'exterminer,
Et le Juste aux méchans ne doit point pardonner.

OMAR.

Eh bien pour te montrer que Mahomet pardonne,
Pour te faire embrasser l'exemple qu'il te donne,
Partage avec lui-même, & donne à tes Tribus
Les dépouilles des Rois que nous avons vaincus.
Mets un prix à la paix, mets un prix à Palmire,
Nos trésors sont à toi.

ZOPIRE.

              Tu penses me séduire ?
Me vendre ici ma honte, & marchander la paix

TRAGEDIE.

Par ses trésors honteux, le prix de ses forfaits ?
Tu veux que sous ses loix Palmire se remette ?
Elle a trop de vertu pour être sa sujette ?
Et je veux l'arracher aux Tyrans imposteurs,
Qui renversent les loix & corrompent les mœurs.

OMAR.

Tu me parles toujours comme un Juge implacable,
Qui sur son Tribunal intimide un coupable.
Pense & parle en Ministre, agis, traite avec moi,
Comme avec l'envoïé d'un grand-homme & d'un Roi.

ZOPIRE.

Qui l'a fait Roi ? Qui l'a couronné ?

OMAR.

La Victoire.
Ménage sa puissance & respecte sa gloire.
Aux noms de Conquérant & de Triomphateur
Il veut joindre le nom de Pacificateur.
Son armée est encor aux bords du Saïbare,
Des murs où je suis né le siége se prépare ;
Sauvons, si tu m'en crois, le sang qui va couler,
Mahomet veut ici te voir & te parler.

ZOPIRE.

Lui ! Mahomet ?

OMAR.

Lui-même, il t'en conjure.

ZOPIRE.

LE FANATISME
ZOPIRE.

Traître
Si de ces lieux sacrés j'étois l'unique maître,
C'est en te punissant que j'aurois répondu.

OMAR.

Zopire, j'ai pitié de ta fausse vertu ?
Mais puisqu'un vil Sénat insolemment partage
De ton gouvernement le fragile avantage ;
Puisqu'il régne avec toi, je cours m'y présenter.

ZOPIRE.

Je t'y suis : nous verrons qui l'on doit écouter.
Je défendrai mes loix, mes Dieux & ma patrie ;
Viens-y contre ma voix prêter ta voix impie
Au Dieu persécuteur, effroi du genre-humain,
Qu'un fourbe ose annoncer les armes à la main.

A Phanor.

Toi, viens m'aider, Phanor, à repousser un traître.
Le souffrir parmi nous & l'épargner, c'est l'être.
Renversons ses desseins, confondons son orgueil,
Préparons son supplice, ou creusons mon cercueil.
Je vais, si le Sénat m'écoute & me seconde,
Délivrer d'un Tyran ma patrie & le monde.

Fin du premier Acte.

ACTE

ACTE II.

SCENE I.
SEIDE, PALMIRE.

PALMIRE

ANs ma prifon cruelle eſt-ce un Dieu qui te guide ?
Mes maux ſont-ils finis ? te revoi-je, Séide !

SEIDE.

O charme de ma vie & de tous mes malheurs,
Palmire, unique objet qui m'as coûté des pleurs,
Depuis ce jour de ſang, qu'un ennemi barbare,
Près des camps du Prophête, aux bords du Saïbare,
Vint arracher ſa proïe à mes bras tout ſanglans,
Qu'étendu loin de toi ſur des corps expirans,
Mes cris mal-entendus ſur cette infame rive
Invoquérent la mort ſourde à ma voix plaintive !
O ma chére Palmire, en quel gouffre d'horreur
Tes périls & ma perte ont abîmé mon cœur !
Que mes feux, que ma crainte & mon impatience,
Accuſoient la lenteur des jours de la vengeance !

Que

Que je hâtois l'assaut si long-tems différé,
Cette heure de carnage, ou de sang enyvré,
Je devois de mes mains brûler la Ville impie,
Où Palmire a pleuré sa liberté ravie !
Enfin de Mahomet les sublimes desseins,
Que n'ose approfondir l'humble esprit des humains,
Ont fait entrer Omar en ce lieu d'esclavage ;
Je l'apprens & j'y vole. On demande un ôtage :
J'entre, je me présente, on accepte ma foi ;
Et je me rends captif, ou je meurs avec toi.

PALMIRE.

Séide, au moment même, avant que ta présence
Vint de mon désespoir calmer la violence,
Je me jettois aux piés de mon fier ravisseur.
Vous voïez, ai-je dit, les secrets de mon cœur.
Ma vie est dans les camps dont vous m'avez tirée ;
Rendez-moi le seul bien dont je suis séparée.
Mes pleurs, en lui parlant, ont arrosé ses piés,
Ses refus ont saisi mes esprits effraïés.
J'ai senti dans mes yeux la lumière obscurcie ;
Mon cœur sans mouvement, sans chaleur & sans vie,
D'aucune ombre d'espoir n'étoit plus secouru ;
Tout finissoit pour moi quand Séide a paru.

SEIDE.

Quel est donc ce mortel insensible à tes larmes ?

PALMIRE.

C'est Zopire ; il sembloit touché de mes allarmes ;
Mais

Mais le cruel enfin vient de me déclarer,
Que des lieux où je suis rien ne peut me tirer.

S E I D E.

Le barbare se trompe, & Mahomet mon Maître,
Et l'invincible Omar, & ton Amant, peut-être,
(Car j'ose me nommer après ces noms fameux,
Pardonne à ton Amant cet espoir orgueilleux)
Nous briserons ta chaîne, & tarirons tes larmes.
Le Dieu de Mahomet, protecteur de nos armes,
Le Dieu dont j'ai porté les sacrés étendarts,
Le Dieu, qui de Médine a détruit les remparts,
Renversera la Mèque à nos piés abatuë.
Omar est dans la Ville, & le Peuple à sa vûë
N'a point fait éclater ce trouble & cette horreur
Qu'inspire aux ennemis un Ennemi vainqueur.
Au nom de Mahomet un grand dessein l'améne.

P A L M I R E.

Mahomet nous chérit ; il briseroit ma chaîne ;
Il uniroit nos cœurs ; nos cœurs lui sont offerts ;
Mais il est loin de nous, & nous sommes aux fers.

LE FANATISME.

SCENE II.
PALMIRE, SEIDE, OMAR.

OMAR.

Os fers feront brifés, foïez pleins d'efpérance;
Le Ciel vous favorife, & Mahomet s'avance.

SEIDE.
Lui!

PALMIRE.
Notre augufte Pere!

OMAR.
      Au Confeil affemblé
L'efprit de Mahomet par ma bouche a parlé.
» Ce favori du Dieu, qui préfide aux batailles,
» Ce grand-homme, ai-je dit, eft né dans vos murailles.
» Il s'eft rendu des Rois le Maître & le foutien,
» Et vous lui refufez le rang de Citoïen !
» Vient-il vous enchaîner, vous perdre, vous détruire?
» Il vient vous protéger; mais fur-tout vous inftruire.
» Il vient dans vos cœurs même établir fon pouvoir;

Plus

TRAGEDIE.

Plus d'un Juge à ma voix a paru s'émouvoir;
Les esprits s'ébranloient; l'infléxible Zopire,
Qui craint de la raison l'inévitable empire,
Veut convoquer le Peuple & s'en faire un appui.
On l'assemble, j'y cours, & j'arrive avec lui.
Je parle aux Citoïens, j'intimide, j'exhorte,
J'obtiens qu'à Mahomet on ouvre enfin la porte.
Après quinze ans d'exil il revoit ses foïers;
Il entre accompagné des plus braves guerriers,
D'Ali, d'Ammon, d'Hercide, & de sa noble élite;
Il entre, & sur ses pas chacun se précipite.
Chacun porte un regard comme un cœur différent;
L'un croit voir un Héros, l'autre voir un Tyran.
Celui-ci le blasphême & le menace encore;
Cet autre est à ses piés, les embrasse & l'adore.
Nous faisons retentir à ce Peuple agité
Les noms sacrés de Dieu, de paix, de liberté;
De Zopire éperdu la Cabale impuissante
Vomit en vain les feux de sa rage expirante.
Au milieu de leurs cris, le front calme & serain,
Mahomet marche en Maître, & l'olive à la main,
La trêve est publiée, & le voici lui-même.

SCENE

SCENE III.

MAHOMET, OMAR, ALI, HERCIDE, SEIDE, PALMIRE, suite.

MAHOMET.

NVINCIBLES soutiens de mon pouvoir suprême,
Noble & sublime Ali, Morade, Hercide, Ammon,
Retournez vers ce Peuple, instruisez-le en mon nom.
Promettez, menacez, que la vérité régne ;
Qu'on adore mon Dieu ; mais sur-tout qu'on le craigne.
Vous, Séïde, en ces lieux !

SEIDE.

O mon Pere, ô mon Roi,
Le Dieu qui vous inspire a marché devant moi.
Prêt à mourir pour vous, prêt à tout entreprendre,
J'ai prévenu votre ordre.

MAHOMET.

Il eût fallu l'attendre.
Qui fait plus qu'il ne doit, ne sait point me servir.
J'obéïs à mon Dieu ; vous, sachez m'obéïr.

PALMIRE.

TRAGEDIE.

PALMIRE.

Ah ! Seigneur, pardonnez à son impatience.
Elevés près de vous dans notre tendre enfance,
Les mêmes sentimens nous animent tous deux ;
Hélas ! mes tristes jours sont assez malheureux.
Loin de vous, loin de lui, j'ai langui prisonniére,
Mes yeux de pleurs noiés s'ouvroient à la lumiére ;
Empoisonneriez-vous l'instant de mon bonheur ?

MAHOMET.

Palmire, c'est assez ; je lis dans vôtre cœur,
Que rien ne vous allarme & rien ne vous étonne.
Allez, malgré les soins de l'Autel & du Trône,
Mes yeux sur vos destins seront toûjours ouverts ;
Je veillerai sur vous comme sur l'Univers.

A Sëide.

Vous, suivez mes guerriers; & vous, jeune Palmire,
En servant votre Dieu ne craignez que Zopire.

SCENE IV.

MAHOMET, OMAR.

MAHOMET.

Toi, reste, brave Omar; il est tems que mon cœur
De ses derniers replis t'ouvre la profondeur.
D'un siége encor douteux la lenteur ordinaire
Peut retarder ma course & borner ma carriére;
Ne donnons point le tems aux mortels détrompés
De rassurer leurs yeux de tant d'éclat frappés.
Les préjugés, ami, sont les Rois du vulgaire.
Tu connais quel oracle & quel bruit populaire
Ont promis l'Univers à l'envoïé d'un Dieu,
Qui, reçu dans la Mèque & vainqueur en tout lieu,
Entreroit dans ces murs en écartant la guerre;
Je viens mettre à profit les erreurs de la terre.
Mais tandis que les miens, par de nouveaux efforts,
De ce Peuple inconstant font mouvoir les ressorts;
De quel œil revoi-tu Palmire avec Séide?

OMAR.

Parmi tous ces enfans enlevés par Hercide,
Qui formés sous ton joug & nourris dans ta loi,
N'ont de Dieu que le tien, n'ont de pere que toi,
Aucun ne te servit avec moins de scrupule,
N'eut un cœur plus docile, un esprit plus crédule;

TRAGEDIE. 49

De tous tes Musulmans, ce sont les plus soumis.

MAHOMET.
Cher Omar, je n'ai point de plus grands ennemis.
Ils s'aiment; c'est assez.

OMAR.
Blâmes-tu leurs tendresses?

MAHOMET.
Ah! connais mes fureurs & toutes mes faiblesses.

OMAR.
Comment?

MAHOMET.
Tu sais assez quel sentiment vainqueur
Parmi mes passions régne au fond de mon cœur.
Chargé du soin du monde, environné d'allarmes,
Je porte l'encensoir, & le sceptre & les armes;
Ma vie est un combat, & ma frugalité
Asservit la nature à mon austérité.
J'ai banni loin de moi cette liqueur traîtresse,
Qui nourrit des humains la brutale mollesse;
Dans des sables brûlans, sur des rochers deserts;
Je supporte avec toi l'inclémence des airs.
L'amour seul me console; il est ma récompense,
L'objet de mes travaux, l'Idole que j'encense,
Le Dieu de Mahomet, & cette passion
Est égale aux fureurs de mon ambition.
Je préfére en secret Palmire à mes épouses;
Conçois-tu bien l'excès de mes fureurs jalouses,

C   Quand

Quand Palmire à mes piés, par un aveu fatal,
Insulte à Mahomet & lui donne un rival ?

OMAR.

Et tu n'es pas vengé ?

MAHOMET.

Juge si je dois l'être.
Pour le mieux détester apprens à le connaître.
De mes deux ennemis apprens tous les forfaits ;
Tous deux sont nés ici du Tyran que je hais.

OMAR.

Quoi ! Zopire est leur Pere ?

MAHOMET.

Hercide en ma puissance
Remit depuis quinze ans leur malheureuse enfance.
J'ai nourri dans mon sein ces Serpens dangereux ;
Déja sans se connaître ils m'outragent tous deux.
J'attisai de mes mains leurs feux illégitimes.
Le Ciel voulut ici rassembler tous les crimes ;
Je veux... leur Pere vient, ses yeux lancent vers nous
Les regards de la haine & les traits du couroux.
Observe tout, Omar, & qu'avec son escorte
Le vigilant Hercide assiége cette porte.
Reviens me rendre compte, & voir s'il faut hâter
Ou retenir les coups que je dois lui porter.

SCENE V.
ZOPIRE, MAHOMET.

ZOPIRE.

AH quel fardeau cruel à ma douleur profonde!
Moi, recevoir ici cet ennemi du monde!

MAHOMET.

Approche, & puisqu'enfin le Ciel veut nous unir,
Voi Mahomet sans crainte, & parle sans rougir.

ZOPIRE.

Je rougis pour toi seul, pour toi dont l'artifice
A traîné ta Patrie au bord du précipice,
Pour toi de qui la main sême ici les forfaits
Et fait naître la guerre au milieu de la paix.
Ton nom seul parmi nous divise les familles,
Les époux, les parens, les meres & les filles;
Et la trêve pour toi n'est qu'un moïen nouveau
Pour venir dans nos cœurs enfoncer le coûteau.
La discorde civile est par tout sur ta trace,
Assemblage inouï de mensonge & d'audace.
Tyran de ton Païs, est-ce ainsi qu'en ce lieu,
Tu viens donner la Paix & m'annoncer un Dieu?

MAHOMET.

Si j'avois à répondre à d'autres qu'à Zopire
Je ne ferois parler que le Dieu qui m'inspire.
Le glaive & l'Alcoran dans mes sanglantes mains
Imposeroient silence au reste des humains.
Ma voix feroit sur eux les effets du tonnerre,
Et je verrois leurs fronts attachés à la terre.
Mais je te parle en homme, & sans rien déguiser
Je me sens assez grand pour ne pas t'abuser.
Voi quel est Mahomet, nous sommes seuls, écoute.
Je suis ambitieux, tout homme l'est sans doute;
Mais jamais Roi, Pontife, ou Chef, ou Citoïen,
Ne conçut un projet aussi grand que le mien.
Chaque Peuple à son tour a brillé sur la terre,
Par les loix, par les arts, & sur-tout par la guerre;
Le tems de l'Arabie est à la fin venu.
Ce peuple généreux, trop long-tems inconnu,
Laissoit dans ses déserts ensévelir sa gloire;
Voici les jours nouveaux marqués pour la victoire.
Voi du Nord au Midi l'Univers désolé,
La Perse encor sanglante, & son Trône ébranlé,
L'Inde esclave & timide, & l'Egypte abaissée,
Des murs de Constantin la splendeur éclipsée;
Voi l'Empire Romain tombant de toutes parts,
Ce grand Corps déchiré, dont les membres épars
Languissent dispersés, sans honneur & sans vie;
Sur ces débris du monde élevons l'Arabie.

Il

TRAGEDIE.

Il faut un nouveau culte, il faut de nouveaux fers;
Il faut un nouveau Dieu pour l'aveugle Univers.

En Egypte Oziris, Zoroastre en Asie,
Chez les Crétois Minos, Numa dans l'Italie,
A des Peuples sans mœurs, & sans culte & sans Rois,
Donnérent aisément d'insuffisantes Loix.
Je viens après mille ans changer ses Loix grossiéres.
J'apporte un joug plus noble aux Nations entiéres.
J'abolis les faux-Dieux, & mon culte épuré
De ma grandeur naissante est le premier degré.
Ne me reproche point de tromper ma Patrie,
Je détruis sa faiblesse & son idolâtrie.
Sous un Roi, sous un Dieu, je viens la réünir;
Et pour la rendre illustre il la faut asservir.

ZOPIRE.

Voilà donc tes desseins! c'est donc toi dont l'audace
De la terre à ton gré prétend changer la face!
Tu veux, en apportant le carnage & l'effroi,
Commander aux humains de penser comme toi;
Tu ravages le monde, & tu prétens l'instruire?
Ah! si par des erreurs il s'est laissé séduire,
Si la nuit du mensonge a pû nous égarer,
Par quels flambeaux affreux veux-tu nous éclairer?
Quel droit as-tu reçu d'enseigner, de prédire,
De porter l'encensoir, & d'affecter l'Empire?

MAHOMET.

MAHOMET.

Le droit qu'un esprit vaste, & ferme en ses desseins,
A sur l'esprit grossier des vulgaires humains.

ZOPIRE.

Eh quoi ! tout factieux, qui pense avec courage,
Doit donner aux mortels un nouvel esclavage ?
Il a droit de tromper, s'il trompe avec grandeur ?

MAHOMET.

Oui. Je connais ton Peuple, il a besoin d'erreur;
Ou véritable ou faux, mon culte est nécessaire.
Que t'ont produit tes Dieux ? Quel bien t'ont-ils
 pu faire ?
Quels lauriers vois-tu croître au pié de leurs Autels?
Ta Secte obscure & basse avilit les mortels,
Enerve le courage, & rend l'homme stupide ;
La mienne éleve l'ame, & la rend intrépide.
Ma Loi fait des Héros.

ZOPIRE.

               Dis plutôt des Brigands.
Porte ailleurs tes leçons, l'école des Tyrans.
Va vanter l'imposture à Médine où tu régnes,
Où les Maîtres séduits marchent sous tes enseignes,
Où tu vois tes égaux à tes piés abatus.

MAHOMET.

Des égaux ! de long-tems Mahomet n'en a plus.
Je fais trembler la Mèque, & je régne à Médine ;

Croi-

TRAGEDIE.

Croi-moi, reçoi la paix, si tu crains ta ruïne.

ZOPIRE.

La paix est dans ta bouche, & ton cœur en est loin;
Penses-tu me tromper?

MAHOMET.

Je n'en ai pas besoin.
C'est le faible qui trompe, & le puissant commande.
Demain j'ordonnerai ce que je te demande;
Demain je peux te voir à mon joug asservi;
Aujourd'hui Mahomet veut être ton ami.

ZOPIRE.

Nous, amis! nous? cruel! ah quel nouveau prestige!
Connais-tu quelque Dieu qui fasse un tel prodige?

MAHOMET.

J'en connais un puissant & toujours écouté,
Qui te parle avec moi.

ZOPIRE.

Qui?

MAHOMET.

La nécessité,
Ton intérêt.

ZOPIRE.

Avant qu'un tel nœud nous rassemble,

Les Enfers & les Cieux seront unis ensemble.
L'intérêt est ton Dieu, le mien est l'équité ;
Entre ces ennemis il n'est point de traité.
Quel seroit le ciment ; réponds-moi, si tu l'oses,
De l'horrible amitié qu'ici tu me proposes ?
Réponds, est-ce ton fils que mon bras te ravit ?
Est-ce le sang des miens que ta main répandit ?

MAHOMET.

Oui. Ce sont tes fils même. Oui, connais un mys-
  tére,
Dont seul dans l'Univers je suis dépositaire :
Tu pleures tes enfans, ils respirent tous deux.

ZOPIRE.

Ils vivroient ! qu'as-tu dit ? ô Ciel ! ô jour heureux !
Ils vivroient ! c'est de toi qu'il faut que je l'ap-
  prenne !

MAHOMET.

Elevés dans mon camp, tous deux sont dans ma
  chaîne.

ZOPIRE.

Mes enfans ? dans tes fers ! ils pourroient te servir !

MAHOMET.

Mes bienfaisantes mains ont daigné les nourrir.

ZOPIRE.

Quoi ! tu n'as point sur eux étendu ta colére ?

MAHOMET.

TRAGEDIE.
MAHOMET.
Je ne les punis point des fautes de leur pere.
ZOPIRE.
Acheve, éclairci-moi ; parle, quel est leur sort ?
MAHOMET.
Je tiens entre mes mains & leur vie & leur mort ;
Tu n'as qu'à dire un mot, & je t'en fais l'arbitre.
ZOPIRE.
Moi, je puis les sauver ! à quel prix ? à quel titre ?
Faut-il donner mon sang ? faut-il porter leurs fers ?
MAHOMET.
Non. Mais il faut m'aider à dompter l'Univers.
Il faut rendre la Mèque, abandonner ton Temple.
De la crédulité donner à tous l'exemple :
Annoncer l'Alcoran aux Peuples effraïés,
Me servir en Prophête, & tomber à mes piés :
Je te rendrai ton fils, & je serai ton gendre.
ZOPIRE.
Mahomet, je suis pere, & je porte un cœur tendre.
Après quinze ans d'ennuis, retrouver mes enfans,
Les revoir & mourir dans leurs embrassemens,
C'est le premier des biens pour mon ame attendrie.
Mais s'il faut à ton culte asservir ma Patrie,
Ou de ma propre main les immoler tous deux ;

C 5 Con-

Connais-moi, Mahomet, mon choix n'est pas
    douteux.
Adieu.

MAHOMET *seul*.

Fier Citoïen, vieillard inexorable,
Je ferai plus que toi, cruel, impitoïable.

SCENE VI.

MAHOMET, OMAR.

OMAR.

Ahomet, il faut l'être, ou nous sommes perdus:
Les secrets des Tyrans me sont déja vendus.
Demain la trêve expire, & demain l'on t'arrête;
Demain Zopire est Maître, & fait tomber ta tête.
La moitié du Sénat vient de te condanner,
N'osant pas te combattre, on t'ose assassiner.
Ce meurtre d'un Héros ils le nomment supplice,
Et ce complot obscur ils l'appellent justice.

MAHOMET.

Ils sentiront la mienne. Ils verront ma fureur;
La persécution fit toujours ma grandeur.
Zopire périra.

OMAR.

Cette tête funeste,
En tombant à tes piés, fera fléchir le reste.
Mais ne perds point de tems.

MAHOMET.

Mais malgré mon couroux,

Je dois cacher la main qui va lancer les coups
Et détourner de moi les soupçons du vulgaire.

OMAR.

Il est trop méprisable.

MAHOMET.

Il faut pourtant lui plaire,
Et j'ai besoin d'un bras, qui par ma voix conduit,
Soit seul chargé du meurtre & m'en laisse le fruit.

OMAR.

Pour un tel attentat je réponds de Séïde.

MAHOMET.

De lui ?

OMAR.

C'est l'instrument d'un pareil homicide,
Otage de Zopire, il peut seul aujourd'hui
L'aborder en secret & te venger de lui.
Tes autres Favoris zélés avec prudence,
Pour s'exposer à tout ont trop d'expérience ;
Ils sont tous dans cet âge où la maturité
Fait tomber le bandeau de la crédulité.
Il faut un cœur plus simple, aveugle avec courage,
Un esprit amoureux de son propre esclavage,
La jeunesse est le tems de ces illusions,
Séïde est tout en proïe aux superstitions ;
C'est un lion docile à la voix qui le guide.

MAHOMET.

TRAGEDIE.
MAHOMET.

Le frére de Palmire ?

OMAR.

Oui, lui-même. Oui, Séïde,
De ton fier ennemi, le fils audacieux,
De son Maître offensé rival incestueux.

MAHOMET.

Je déteste Séïde, & son nom seul m'offense.
La cendre de mon fils me crie encor vengeance.
Mais tu connais l'objet de mon fatal amour;
Tu connais dans quel sang elle a puisé le jour.
Tu vois que dans ces lieux environnés d'abîmes,
Je viens chercher un Trône, un Autel, des Victimes
Qu'il faut d'un Peuple fier enchanter les esprits;
Qu'il faut perdre Zopire, & perdre encor son fils.
Allons, consultons bien mon intérêt, ma haine,
L'amour, l'indigne amour, qui malgré moi m'entraîne,
Et la Religion à qui tout est soumis,
Et la nécessité par qui tout est permis.

Fin du second Acte.

ACTE

ACTE III.

SCENE I.

SEIDE, PALMIRE.

PALMIRE.

Demeure. Quel est donc ce secret sa-
crifice!
Quel sang a demandé l'éternelle Justice?
Ne m'abandonne pas.

SEIDE.

Dieu daigne m'appeller.
Mon bras doit le servir, mon cœur va lui parler.
Omar veut à l'instant par un serment terrible
M'attacher de plus près à ce Maître invincible.
Je vais jurer à Dieu de mourir pour sa Loi,
Et mes seconds sermens ne seront que pour toi.

PALMIRE.

D'où vient qu'à ce serment je ne suis point présente.
Si je t'accompagnois, j'aurois moins d'épouvante.

Omar

TRAGEDIE.

Ômar, ce même Omar, loin de me confoler,
Parle de trahifon, de fang prêt à couler,
Des fureurs du Sénat, des complots de Zopire.
Les feux font allumés, bien-tôt la trêve expire.
Le fer cruel eft prêt, on s'arme, on va frapper,
Le Prophête l'a dit, il ne peut nous tromper.
Je crains tout de Zopire ; & je crains pour Séïde.

SEIDE.

Croirai-je que Zopire ait un cœur fi perfide !
Ce matin comme ôtage à fes yeux préfenté,
J'admirois fa noblefle & fon humanité.
Je fentois qu'en fecret une force inconnuë
Enlevoit jufqu'à lui mon ame prévenuë.
Soit refpect pour fon nom, foit qu'un dehors heu-
   reux
Me cachât de fon cœur les replis dangereux ;
Soit que dans ces momens où je t'ai rencontrée,
Mon ame toute entiére à fon bonheur livrée,
Oubliant fes douleurs, & chaffant tout effroi,
Ne connût, n'entendît, ne vît plus rien que toi ;
Je me trouvois heureux d'être auprès de Zopire.
Je le hais d'autant plus qu'il m'avoit fû féduire ;
Mais malgré le couroux dont je dois m'animer,
Qu'il eft dur de haïr ceux qu'on vouloit aimer !

PALMIRE.

Ah ! que le Ciel en tout a joint nos deftinées !
Qu'il a pris foin d'unir nos ames enchaînées !
                                Hélas !

Hélas! fans mon amour, fans ce tendre lien!
Sans cet inftinct charmant qui joint mon cœur au tien,
Sans la Religion que Mahomet m'infpire,
J'aurois eu des remords en accufant Zopire.

SEIDE.

Laiffons ces vains remords, & nous abandonnons
A la voix de ce Dieu qu'à l'envi nous fervons.
Je fors. Il faut prêter ce ferment redoutable;
Le Dieu qui m'entendra nous fera favorable;
Et le Pontife Roi qui veille fur nos jours,
Benira de fes mains de fi chaftes amours.
Adieu. Pour être à toi, je vais tout entreprendre.

TRAGEDIE.

SCENE II.

PALMIRE.

D'UN noir pressentiment je ne puis me dé-
fendre.
Cet amour dont l'idée avoit fait mon bon-
heur,
Ce jour tant souhaité me semble un jour d'horreur.
Quel est donc ce serment qu'on attend de Séide ?
Tout m'est suspect ici ; Zopire m'intimide.
J'invoque Mahomet, & cependant mon cœur
Eprouve à son nom même une secrette horreur.
Dans les profonds respects que ce Héros m'inspire,
Je sens que je le crains presqu'autant que Zopire.
Délivre-moi, grand Dieu, de ce trouble où je suis.
Craintive je te sers, aveugle je te suis ;
Hélas ! daigne essuïer les pleurs où je me noïe.

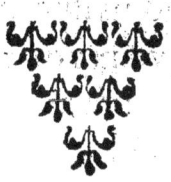

66　LE FANATISME.

SCENE III.

MAHOMET, PALMIRE.

PALMIRE.

'Est vous qu'à mon secours un Dieu propice envoïe,
Seigneur. Seïde....

MAHOMET.

Eh bien, d'où vous vient cet effroi ?
Et que craint-on pour lui quand on est près de moi ?

PALMIRE.

O Ciel ! vous redoublez la douleur qui m'agite.
Quel prodige inouï ! votre ame est interdite,
Mahomet est troublé pour la premiére fois.

MAHOMET.

Je devrois l'être au moins du trouble où je vous vois,
Est-ce ainsi qu'à mes yeux votre simple innocence
Ose avouer un feu qui peut-être m'offense ?
Votre cœur a-t-il pu, sans être épouvanté,
Avoir un sentiment que je n'ai pas dicté ?
Ce cœur que j'ai formé n'est-il plus qu'un rebelle,
Ingrat à mes bienfaits, à mes Loix infidelle ?

PALMIRE.

TRAGEDIE.

PALMIRE.

Que dites-vous ? surprise & tremblante à vos piés,
Je baisse en frémissant mes regards effraïés.
Eh quoi ! n'avez-vous pas daigné dans ce lieu même
Vous rendre à nos souhaits & consentir qu'il m'aime ?
Ces nœuds, ces chastes nœuds, que Dieu formoit en nous,
Sont un lien de plus qui nous attache à vous.

MAHOMET.

Redoutez des liens formés par l'imprudence.
Le crime quelquefois suit de près l'innocence.
Le cœur peut se tromper, l'amour & ses douceurs
Pourront coûter, Palmire, & du sang & des pleurs.

PALMIRE.

N'en doutez pas, mon sang couleroit pour Séïde.

MAHOMET.

Vous l'aimez à ce point ?

PALMIRE.

Depuis le jour qu'Hercide
Nous soumit l'un & l'autre à votre joug sacré,
Cet instinct tout-puissant de nous-même ignoré
Devançant la raison, croissant avec notre âge,
Du Ciel, qui conduit tout, fut le secret ouvrage.
Nos penchans, dites-vous, ne viennent que de lui.
Dieu ne sauroit changer ; pourroit-il aujourd'hui

Réprou-

Réprouver un amour que lui-même il fit naître ;
Ce qui fut innocent, peut-il cesser de l'être ?
Pourrai-je être coupable ?

MAHOMET.

Oui. Vous devez trembler,
Attendez les secrets que je dois révéler ;
Attendez que ma voix veuille enfin vous apprendre
Ce qu'on peut approuver, ce qu'on doit se défendre.
Ne croïez que moi seul.

PALMIRE.

Eh qui croire que vous ?
Esclave de vos Loix, soumise à vos genoux,
Mon cœur d'un saint respect ne perd point l'habitude.

MAHOMET.

Trop de respect souvent méne à l'ingratitude.

PALMIRE.

Non, si de vos bienfaits je perds le souvenir,
Que Séide à vos yeux s'empresse à m'en punir !

MAHOMET.

Séide !

PALMIRE.

Ah ! quel couroux arme votre œil sévére ?

MAHOMET.

Allez, rassurez-vous, je n'ai point de colére.

C'est

C'est éprouver assez vos sentimens secrets ;
Reposez-vous sur moi de vos vrais intérêts.
Je suis digne du moins de votre confiance ;
Vos destins dépendront de votre obéïssance.
Si j'eus soin de vos jours, si vous m'appartenez,
Méritez des bienfaits qui vous sont destinés.
Quoique la voix du Ciel ordonne de Séïde,
Affermissez ses pas où son devoir le guide :
Qu'il garde ses sermens, qu'il soit digne de vous.

PALMIRE.

N'en doutez point, mon pere, il les remplira tous.
Je réponds de son cœur, ainsi que de moi-même ;
Séïde vous adore encor plus qu'il ne m'aime.
Il voit en vous son Roi, son pere, son appui ;
J'en atteste à vos piés l'amour que j'ai pour lui.
Je cours à vous servir encourager son ame.

SCENE IV.

MAHOMET *seul*.

Quoi ! je suis malgré moi confident de sa flâme ?
Quoi ! sa naïveté, confondant ma fureur,
Enfonce innocemment le poignard dans mon cœur ?
Pere, enfans, destinés au malheur de ma vie,
Race toujours funeste & toujouts ennemie,
Vous allez éprouver dans cet horrible jour
Ce que peut à la fois ma haine & mon amour.

TRAGEDIE. 71

SCENE V.
MAHOMET, OMAR.

OMAR.

NFIN, voici le tems, & de ravir Palmire
Et d'envahir la Mèque & de punir Zopire.
Sa mort seule à tes piés mettra nos Citoïens.
Tout est désespéré si tu ne le préviens.
Le seul Séïde ici te peut servir sans doute ;
Il voit souvent Zopire, il lui parle, il l'écoute.
Tu vois cette retraite & cet obscur détour,
Qui peut de ton Palais conduire à son séjour.
Là, cette nuit Zopire à ses Dieux fantastiques
Offre un encens frivole & des vœux chimériques.
Là, Séïde enyvré du zèle de ta Loi,
Va l'immoler au Dieu qui lui parle par toi.

MAHOMET.

Qu'il l'immole, il le faut, il est né pour le crime.
Qu'il en soit l'instrument, qu'il en soit la victime.
Ma vengeance, mes feux, ma loi, ma sûreté,
L'irrévocable arrêt de la fatalité,
Tout le veut : mais crois-tu que son jeune courage,
Nourri du Fanatisme en ait toute la rage ?

OMAR.

OMAR.

Lui seul étoit formé pour remplir ton dessein.
Palmire à te servir excite encor sa main.
L'amour, le Fanatisme, aveuglent sa jeunesse ;
Il sera furieux par excès de faiblesse.

MAHOMET.

Par les nœuds des sermens as-tu lié son cœur ?

OMAR

Du plus saint appareil la ténébreuse horreur,
Les Autels, les sermens, tout enchaîne Séïde.
J'ai mis un fer sacré dans sa main patricide,
Et la Religion le remplit de fureur.
Il vient.

SCÉNE VI.
MAHOMET, OMAR, SEIDE.

MAHOMET.

ENFANT d'un Dieu qui parle à votre cœur,
Ecoutez par ma voix sa volonté suprême;
Il faut venger son culte, il faut venger Dieu
même.

SEIDE.

Roi, Pontife & Prophête à qui je suis voué,
Maître des Nations par le Ciel avoué,
Vous avez sur mon être une entiére puissance;
Eclairez seulement ma docile ignorance.
Un mortel, venger Dieu !

MAHOMET.
C'est par vos faibles mains
Qu'il veut épouvanter les profanes humains.

SEIDE.

Ah ! sans doute ce Dieu, dont vous êtes l'image,
Va d'un combat illustre honorer mon courage.

MAHOMET.

Faites ce qu'il ordonne, il n'est point d'autre honneur

D   De

De ses Décrets divins aveugle exécuteur,
Adorez & frappez ; vos mains seront armées
Par l'Ange de la mort & le Dieu des armées.

SEIDE.

Parlez : quels ennemis vous faut-il immoler ?
Quel Tyran faut-il perdre, & quel sang doit couler ?

MAHOMET.

Le sang du Meurtrier que Mahomet abhorre :
Qui nous persécuta, qui nous poursuit encore :
Qui combattit mon Dieu, qui massacra mon fils :
Le sang du plus cruel de tous nos ennemis :
De Zopire.

SEIDE.

De lui ! quoi, mon bras ?

MAHOMET.

Téméraire,
On devient sacrilége alors qu'on délibére.
Loin de moi les mortels assez audacieux
Pour juger par eux-mêmes & pour voir par leurs yeux.
Quiconque ose penser n'est pas né pour me croire.
Obéïr en silence est votre seule gloire.
Savez vous qui je suis ? Savez-vous en quels lieux
Ma voix vous a chargé des volontés des Cieux ?
Si, malgré ses erreurs & son idolâtrie,
Des Peuples d'Orient la Mèque est la Patrie ;

Si ce Temple du Monde est promis à ma Loi,
Si Dieu m'en a créé le Pontife & le Roi ;
Si la Mèque est sacrée, en savez-vous la cause?
Ibrahim y naquit, & sa cendre y repose * ;
Ibrahim, dont le bras docile à l'Eternel,
Traîna son fils unique aux marches de l'Autel,
Etouffant pour son Dieu les cris de la nature.
Et quand ce Dieu par vous veut venger son injure,
Quand je demande un sang à lui seul adressé,
Quand Dieu vous a choisi, vous avez balancé !
Allez, vil Idolâtre, & né pour toujours l'être,
Indigne Musulman, cherchez un autre Maître.
Le prix étoit tout prêt, Palmire étoit à vous ;
Mais vous bravez Palmire & le Ciel en couroux.
Lâche & faible instrument des vengeances suprê-
 mes ;
Les traits que vous portez vont tomber sur vous-
 mêmes ;
Fuïez, servez, rampez sous mes fiers ennemis.

SEIDE.
Je crois entendre Dieu ; tu parles, j'obéïs.

MAHOMET.
Obéïssez, frappez : teint du sang d'un impie,
Méritez par sa mort une éternelle vie.

A Omar.

Ne l'abandonne pas ; & non loin de ces lieux,
Sur tous ses mouvemens ouvre toujours les yeux.

* Les Musulmans croïent avoir à la Mèque le Tombeau d'Abraham.

SCENE VII.

SEIDE seul.

Immoler un Vieillard de qui je suis l'otage,
Sans armes, sans défense, appesanti par l'âge!
N'importe; une Victime amenée à l'Autel,
Y tombe sans défense, & son sang plaît au Ciel.
Enfin, Dieu m'a choisi pour ce grand sacrifice;
J'en ai fait le serment, il faut qu'il s'accomplisse.
Venez à mon secours, ô vous de qui les bras
Aux Tyrans de la terre ont donné le trépas.
Ajoûtez vos fureurs à mon zèle intrépide,
Affermissez ma main saintement homicide.
Ange de Mahomet, Ange exterminateur,
Mets ta férocité dans le fond de mon cœur.
Ah! que vois-je?

SCENE VIII.

ZOPIRE, SEIDE.

ZOPIRE.

Mes yeux tu te troubles, Séide!
Vois d'un œil plus content le dessein qui
　　me guide;
Otage infortuné que le sort m'a remis,
Je te vois à regret parmi mes ennemis.
La trêve a suspendu le moment du carnage,
Ce torrent retenu peut s'ouvrir un passage.
Je ne t'en dis pas plus; mais mon cœur, malgré moi,
A frémi des dangers assemblés près de toi.
Cher Séide, en un mot, dans cette horreur publique,
Souffre que ma maison soit ton azyle unique.
Je réponds de tes jours, ils me sont précieux;
Ne me refuse pas.

SEIDE.

　　　　　O mon devoir! ô Cieux!
Ah! Zopire, est-ce vous qui n'avez d'autre envie
Que de me protéger, de veiller sur ma vie?
Prêt à verser son sang; qu'ai-je ouï! qu'ai-je vû!
Pardonne, Mahomet, tout mon cœur s'est ému.

　　　　　　　　　　　　ZOPIRE.

ZOPIRE.

De ma pitié pour toi tu t'étonnes peut-être ;
Mais enfin je suis homme, & c'est assez de l'être,
Pour aimer à donner ses soins compatissans
A des cœurs malheureux que l'on croit innocens.
Exterminez, grands Dieux, de la terre où nous sommes
Quiconque avec plaisir répand le sang des hommes !

SEIDE.

Que ce langage est cher à mon cœur combattu !
L'ennemi de mon Dieu connaît donc la vertu !

ZOPIRE.

Tu la connais bien peu, puisque tu t'en étonnes.
Mon fils, à quelle erreur, hélas ! tu t'abandonnes !
Ton esprit fasciné par les loix d'un Tyran,
Pense que tout est crime, hors d'être Musulman.
Cruellement docile aux leçons de ton Maître,
Tu m'avois en horreur avant de me connaître ;
Avec un joug de fer, un affreux préjugé
Tient ton cœur innocent dans le piége engagé.
Je pardonne aux erreurs où Mahomet t'entraîne.
Mais peux-tu croire un Dieu qui commande la haine,

SEIDE.

Ah ! je sens qu'à ce Dieu je vais désobéir ;
Non, Seigneur, non, mon cœur ne sauroit vous haïr,

ZOPIRE.

Hélas ! plus je lui parle & plus il m'intéresse,

Son

TRAGEDIE.

Son âge, sa candeur, ont surpris ma tendresse.
Se peut-il qu'un Soldat de ce Monstre imposteur,
Ait trouvé malgré lui le chemin de mon cœur.
Quel es tu ? De quel sang les Dieux t'ont-ils fait naître ?

SEIDE.

Je n'ai point de parens, Seigneur, je n'ai qu'un Maître,
Que jusqu'à ce moment j'avois toujours servi ;
Mais qu'en vous écoutant ma faiblesse a trahi.

ZOPIRE.

Quoi ! tu ne connais point de qui tu tiens la vie ?

SEIDE.

Son camp fut mon berceau, son Temple est ma Patrie.
Je n'en connais point d'autre, & parmi ces enfans,
Qu'en tribut à mon Maître on offre tous les ans,
Nul n'a plus que Séide éprouvé sa clémence.

ZOPIRE.

Je ne puis le blâmer de sa reconnaissance.
Oui, les bienfaits, Séide, ont des droits sur un cœur.
Ciel ! pourquoi Mahomet fut-il son bienfaiteur ?
Il t'a servi de Pere, aussi-bien qu'à Palmire ;
D'où vient que tu frémis, & que ton cœur soupire ?
Tu détournes de moi ton regard égaré,

De

De quelque grand remord tu sembles déchiré.

SEIDE.

Eh, qui n'en auroit pas dans ce jour effroïable ?

ZOPIRE.

Si tes remords sont vrais, ton cœur n'est plus coupable.
Viens, le sang va couler ; je veux sauver le tien.

SEIDE.

Juste Ciel ! & c'est moi qui répandrois le sien !
O sermens ! O Palmire ! O vous Dieu des vengeances !

ZOPIRE.

Remets-toi dans mes mains, tremble, si tu balances;
Pour la derniére fois, viens, ton sort en dépend.

SCENE

SCENE IX.

ZOPIRE, SEIDE, OMAR, suite.

OMAR *entrant avec précipitation.*

TRAÎTRE, que faites-vous ? Mahomet vous attend.

SEIDE.

Où suis-je ? ô Ciel ! où suis-je, & que dois-je résoudre ?
D'un & d'autre côté je vois tomber la foudre.
Où courir ? Où porter un trouble si cruel ?
Où fuir ?

OMAR.

Aux piés du Roi qu'a choisi l'Eternel.

SEIDE.

Oui, j'y cours abjurer un serment que j'abhorre.

SCENE X.

ZOPIRE, PHANOR.

ZOPIRE.

AH! Séide, où vas-tu? Mais il me fuit encore.
Il sort désespéré, frappé d'un sombre effroi,
Et mon cœur qui le suit s'échappe loin de moi.
Ses remords, ma pitié, son aspect, son absence
A mes sens déchirés font trop de violence ;
Suivons ses pas.

SCENE

SCENE XI.

ZOPIRE, PHANOR.

PHANOR.

LISEZ ce billet important,
Qu'un Arabe en secret m'a donné dans l'instant.

ZOPIRE.

Hercide! qu'ai-je lu? Grands Dieux, votre clémence
Répare-t-elle enfin soixante ans de souffrance?
Hercide veut me voir! lui, dont le bras cruel
Arracha mes enfans à ce sein paternel.
Ils vivent! Mahomet les tient sous sa puissance,
Et Séide & Palmire ignorent leur naissance!
Mes enfans! tendre espoir, que je n'ose écouter;
Je suis trop malheureux, je crains de me flatter.
Pressentimens confus, faut-il que je vous croie?
O mon sang! où porter mes larmes & ma joie?
Mon cœur ne peut suffire à tant de mouvemens;
Je cours, & je suis prêt d'embrasser mes enfans.
Je m'arrête, j'hésite, & ma douleur craintive
Prête à la voix du sang une oreille attentive.
Allons. Voïons Hercide au milieu de la nuit;

Qu'il soit sous cette voûte en secret introduit
Au pié de cet Autel, où les pleurs de ton Maître
Ont fatigué des Dieux qui s'appaisent peut-être.
Dieux, rendez-moi mes fils ; Dieux, rendez aux vertus
Deux cœurs nés généreux qu'un traître a corrompus.
S'ils ne sont point à moi, si telle est ma misére,
Je les veux adopter, je veux être leur Pére.

Fin du troisiéme Acte.

ACTE IV.

SCENE I.
MAHOMET, OMAR.

OMAR.

Ui, de ce grand secret la trame est découverte;
Ta gloire est en danger, ta tombe est entr'ouverte.
Séide obéïra ; mais avant que son cœur,
Raffermi par ta voix, eût repris sa fureur,
Séide a révélé cet horrible mystére.

MAHOMET.

O Ciel !

OMAR.

Hercide l'aime : il lui tient lieu de Pere.

MAHOMET.

Eh bien, que pense Hercide ?

OMAR.

OMAR.

Il paraît effraïé;
Il semble pour Zopire avoir quelque pitié.

MAHOMET.

Hercide est faible. Ami, le faible est bien-tôt traître.
Qu'il tremble, il est chargé du secret de son Maître.
Je sai comme on écarte un témoin dangereux.
Suis-je en tout obéï ?

OMAR.

J'ai fait ce que tu veux.

MAHOMET.

Préparons donc le reste. Il faut que dans une heure
On nous traîne au supplice, ou que Zopire meure.
S'il meurt, c'en est assez; tout ce Peuple éperdu
Adorera mon Dieu qui m'aura défendu.
Voilà le premier pas; mais si-tôt que Séïde
Aura rougi ses mains de ce grand homicide,
Réponds-tu qu'au trépas Séïde soit livré ?
Réponds-tu du poison qui lui fut préparé ?

OMAR.

N'en doute point.

MAHOMET.

Il faut que nos Mystéres sombres
Soient cachés dans la mort, & couverts de ses ombres.
Mais tout prêt à frapper, prêt à percer le flanc,
Dont

Dont Palmire a tiré la source de son sang,
Prend soin de redoubler son heureuse ignorance.
Epaississons la nuit qui voile sa naissance,
Pour son propre intérêt, pour moi, pour mon bonheur.
Mon triomphe en tout tems est fondé sur l'erreur.
Elle naquit en vain de ce sang que j'abhorre.
On n'a point de parens alors qu'on les ignore.
Les cris du sang, sa force & ses impressions,
Des cœurs toujours trompés sont les illusions.
La nature à mes yeux n'est rien que l'habitude;
Celle de m'obéïr fit son unique étude.
Je lui tiens lieu de tout. Qu'elle passe en mes bras
Sur la cendre des siens qu'elle ne connaît pas.
Son cœur même en secret, ambitieux peut-être,
Sentira quelque orgueil à captiver son Maître.
Mais déja l'heure approche où Séide en ces lieux
Doit m'immoler son pere à l'aspect de ses Dieux.
Retirons-nous.

OMAR.

Tu vois sa démarche égarée;
De l'ardeur d'obéïr son ame est dévorée.

SCENE

SCENE II.

MAHOMET & OMAR *sur le devant, mais retirés de côté* : SEIDE *dans le fond*.

SEIDE.

IL le faut donc remplir ce terrible devoir?

MAHOMET.

Viens, & par d'autres coups assurons mon pouvoir.

Il sort avec Omar.

SEIDE *seul*.

A tout ce qu'ils m'ont dit, je n'ai rien à répondre.
Un mot de Mahomet suffit pour me confondre.
Mais quand il m'accabloit de cette sainte horreur,
La persuasion n'a point rempli mon cœur.
Si le Ciel a parlé, j'obéïrai sans doute.
Mais quelle obéïssance ! ô Ciel, & qu'il en coûte !

SCENE III.

SEIDE, PALMIRE.

SEIDE.

ALMIRE, que veux-tu ? Quel funeste transport ?
Qui t'améne en ces lieux consacrés à la mort ?

PALMIRE.

Sëide, la fraïeur & l'amour sont mes guides ;
Mes pleurs baignent tes mains saintement homicides.
Quel sacrifice horrible, hélas ! faut-il offrir ?
A Mahomet, à Dieu, tu vas donc obéïr ?

SEIDE.

O de mes sentimens Souveraine adorée,
Parlez, déterminez ma fureur égarée ;
Eclairez mon esprit, & conduisez mon bras ;
Tenez-moi lieu d'un Dieu que je ne comprends pas.
Poûrquoi m'a-t-il choisi ? Ce terrible Prophête
D'un ordre irrévocable est-il donc l'interprête ?

PALMIRE.

Tremblons d'examiner. Mahomet voit nos cœurs,

Il entend nos soupirs, il observe mes pleurs.
Chacun redoute en lui la Divinité même.
C'est tout ce que je sai, le doute est un blasphême.
Et le Dieu qu'il annonce avec tant de hauteur,
Séïde, est le vrai Dieu, puisqu'il le rend vainqueur.

SEIDE.

Il l'est, puisque Palmire & le croit & l'adore.
Mais mon esprit confus ne conçoit point encore,
Comment ce Dieu si bon, ce Pere des humains,
Pour un meurtre effroïable a réservé mes mains.
Je ne le sai que trop, que mon doute est un crime.
Qu'un Prêtre sans remords égorge sa Victime,
Que par la voix du Ciel Zopire est condanné,
Qu'à soutenir ma Loi j'étois prédestiné.
Mahomet s'expliquoit, il a fallu me taire;
Et tout fier de servir la céleste colére,
Sur l'ennemi de Dieu je portois le trépas;
Un autre Dieu peut-être a retenu mon bras.
Du moins lorsque j'ai vu ce malheureux Zopire,
De ma Religion j'ai senti moins l'empire.
Vainement mon devoir au meurtre m'appelloit,
A mon cœur éperdu l'humanité parloit.
Mais avec quel courroux, avec quelle tendresse,
Mahomet de mes sens accuse la faiblesse!
Avec quelle grandeur & quelle autorité
Sa voix vient d'endurcir ma sensibilité!
Que la Religion est terrible & puissante!

J'ai

TRAGEDIE.

J'ai senti la fureur en mon cœur renaissante ;
Palmire, je suis faible, & du meurtre effraïé,
De ces saintes fureurs je passe à la pitié,
De sentimens confus une foule m'assiége ;
Je crains d'être barbare ou d'être sacrilége.
Je ne me sens point fait pour être un assassin.
Mais quoi ! Dieu me l'ordonne, & j'ai promis ma main.
J'en verse encor des pleurs de douleur & de rage ;
Vous me voïez, Palmire, en proïe à cet orage,
Nageant dans le reflux des contrariétés,
Qui pousse & qui retient mes faibles volontés.
C'est à vous de fixer mes fureurs incertaines ;
Nos cœurs sont réunis par les plus fortes chaînes.
Mais sans ce sacrifice à mes mains imposé,
Le nœud qui nous unit est à jamais brisé.
Ce n'est qu'à ce seul prix que j'obtiendrai Palmire.

PALMIRE.

Je suis le prix du sang du malheureux Zopire !

SEIDE.

Le Ciel & Mahomet ainsi l'ont arrêté.

PALMIRE.

L'amour est-il donc fait pour tant de cruauté ?

SEIDE.

Ce n'est qu'au meurtrier que Mahomet te donne.

PAL-

PALMIRE.
Quelle effroïable dot !
SEIDE.
Mais si le Ciel l'ordonne,
Si je sers & l'amour & la Religion.
PALMIRE.
Hélas !
SEIDE.
Vous connaissez la malédiction
Qui punit à jamais la désobéissance.
PALMIRE.
Si Dieu même en tes mains a remis sa vengeance,
S'il exige le sang que ta bouche a promis.
SEIDE.
Eh bien, pour être à toi, que faut-il ?
PALMIRE.
Je frémis.
SEIDE.
Je t'entends, son arrêt est parti de ta bouche.
PALMIRE.
Qui, moi ?
SEIDE.
Tu l'as voulu.
PALMIRE.

TRAGEDIE.

PALMIRE.

Dieu, quel arrêt farouche!
Que t'ai-je dit?

SEIDE.

Le Ciel vient d'emprunter ta voix;
C'est son dernier Oracle, & j'accomplis ses Loix.
Voici l'heure où Zopire à cet Autel funeste
Doit prier en secret des Dieux que je déteste.
Palmire, éloigne-toi.

PALMIRE.

Je ne puis te quitter.

SEIDE.

Ne voi point l'attentat qui va s'exécuter;
Ces momens sont affreux. Va, fui, cette retraite
Est voisine des lieux qu'habite le Prophête.
Va, dis-je.

PALMIRE.

Ce Vieillard va donc être immolé!

SEIDE.

De ce grand sacrifice ainsi l'ordre est réglé.
Il le faut de ma main traîner sur la poussiére,
De trois coups dans le sein lui ravir la lumiére,
Renverser dans son sang cet Autel dispersé.

PALMIRE.

94 LE FANATISME.
PALMIRE.
Lui, mourir par tes mains ! tout mon sang s'est glacé.
Le voici. Juste Ciel....
(Le fond du Théâtre s'ouvre. On voit un Autel.)

TRAGEDIE.

SCENE IV.

ZOPIRE, SEIDE, PALMIRE *sur le devant.*

ZOPIRE *près de l'Autel.*

 Dieux de ma Patrie,
Dieux prêts à succomber sous une Secte impie,
C'est pour vous-même ici que ma débile voix
Vous implore aujourd'hui pour la derniére fois.
La guerre va renaître, & ses mains meurtriéres
De cette faible paix vont briser les barriéres.
Dieux, si d'un scélérat vous respectez le sort...

SEIDE *à Palmire.*

Tu l'entends qui blasphême ?

ZOPIRE.

     Accordez-moi la mort.
Mais rendez-moi mes fils à mon heure derniére,
Que j'expire en leurs bras, qu'ils ferment ma paupiére.
Hélas ! si j'en croïois mes secrets sentimens,
Si vos mains en ces lieux ont conduit mes enfans.

PALMIRE *à Séide.*

Que dit-il ? Ses enfans !

       ZOPIRE.

ZOPIRE.

O mes Dieux que j'adore,
Je mourrois du plaisir de les revoir encore.
Arbitre des destins, daignez veiller sur eux ;
Qu'ils pensent comme moi, mais qu'ils soient plus heureux !

SEIDE.

Il court à ses faux-Dieux ! frappons.

Il tire son poignard.

PALMIRE.

Que vas-tu faire ?
Hélas !

SEIDE.

Servir le Ciel, te mériter, te plaire.
Ce glaive à notre Dieu vient d'être consacré.
Que l'ennemi de Dieu soit par lui massacré !
Marchons. Ne vois-tu pas dans ces demeures sombres
Ces traits de sang, ce spectre, & ces errantes ombres ?

PALMIRE.

Que dis-tu ?

SEIDE.

Je vous suis, Ministres du trépas.
Vous me montrez l'Autel, vous conduisez mon bras,
Allons.

PALMIRE.

PALMIRE.

Non, trop d'horreur entre nous deux s'assemble.
Demeure.

SEIDE.

Il n'eſt plus tems, avançons ; l'Autel tremble.

PALMIRE.

Le Ciel ſe manifeſte, il n'en faut pas douter.

SEIDE.

Me pouſſe-t-il au meurtre, ou veut-il m'arrêter ?
Du Prophête de Dieu la voix ſe fait entendre.
Il me reproche un cœur trop flexible & trop tendre.
Palmire !

PALMIRE.

Eh bien.

SEIDE.

Au Ciel adreſſez tous vos vœux.
Je vais frapper.

Il ſort & va derriére l'Autel où eſt Zopire.

PALMIRE *ſeule.*

Je meurs. O moment douloureux !
Quelle effroïable voix dans mon ame s'éleve ?
D'où vient que tout mon ſang malgré moi ſe ſou-
    leve ?
Si le Ciel veut un meurtre, eſt-ce à moi d'en juger ?
Eſt-ce à moi de m'en plaindre & de l'interroger ?
                 E   J'obéïs.

J'obéis. D'où vient donc que le remords m'accable ?
Ah ! quel cœur fait jamais s'il eſt juſte ou coupable ?
Je me trompe, ou les coups font portés cette fois ;
J'entends les cris plaintifs d'une mourante voix.
Séïde... hélas...

SEIDE *revient d'un air égaré.*

Où ſuis-je ? & quelle voix m'appelle ?
Je ne vois point Palmire, un Dieu m'a privé d'elle.

PALMIRE.

Eh quoi ! méconnais-tu celle qui vit pour toi ?

SEIDE.

Où ſommes-nous !

PALMIRE.

Eh bien, cette effroïable loi,
Cette triſte promeſſe eſt-elle enfin remplie ?

SEIDE.

Que me dis-tu !

PALMIRE.

Zopire a-t-il perdu la vie ?

SEIDE.

Qui, Zopire !

PALMIRE.

Ah, grand Dieu ! Dieu de ſang altéré,
Ne

TRAGEDIE.

Ne perſécutez point ſon eſprit égaré.
Fuïons d'ici.

SEIDE.

Je ſens que mes genoux s'affaiſſent.

Il s'aſſied.

Ah! je revois le jour, & mes forces renaiſſent.
Quoi! c'eſt vous?

PALMIRE.

Qu'as-tu fait?

SEIDE

Il ſe releve.

Moi! je viens d'obéïr....
D'un bras déſeſpéré je viens de le ſaiſir.
Par ſes cheveux blanchis j'ai traîné ma victime.
O Ciel! tu l'as voulu; peux-tu vouloir un crime?
Tremblant, ſaiſi d'effroi, j'ai plongé dans ſon flanc
Ce glaive conſacré qui dut verſer ſon ſang.
J'ai voulu redoubler; ce Vieillard vénérable
A jetté dans mes bras un cri ſi lamentable;
La nature a tracé dans ſes regards mourans
Un ſi grand caractére & des traits ſi touchans!
De tendreſſe & d'effroi mon ame s'eſt remplie.
Et plus mourant que lui, je déteſte ma vie.

PALMIRE.

Fuïons vers Mahomet qui doit nous protéger;

E 2　　　　　　　Près.

Près de ce corps fanglant vous êtes en danger.
Suivez-moi.

SEIDE.

Je ne puis. Je me meurs. Ah! Palmire.

PALMIRE.

Quel trouble épouvantable à mes yeux le déchire?

SEIDE *en pleurant*.

Ah, fi tu l'avois vu, le poignard dans le fein,
S'attendrir à l'aspect de son lâche affaffin !
Je fuïois. Croirois-tu que fa voix affaiblie,
Pour m'appeller encor a ranimé fa vie ?
Il retiroit ce fer de fes flancs malheureux.
Hélas ! il m'obfervoit d'un regard douloureux.
Cher Séïde, a-t-il dit, infortuné Séïde !
Cette voix, ces regards, ce poignard homicide,
Ce Vieillard attendri, tout fanglant à mes piés,
Pourfuivent devant toi mes regards effraïés.
Qu'avons-nous fait !

PALMIRE.

On vient, je tremble pour ta vie.
Fuis au nom de l'amour & du nœud qui nous lie.

SEIDE.

Va, laiffe-moi. Pourquoi cet amour malheureux
M'a-t-il pu commander ce facrifice affreux ?
Non, cruelle, fans toi, fans ton ordre fuprême,

Je

TRAGEDIE.

Je n'aurois pu jamais obéïr au Ciel même !

PALMIRE.

De quel reproche horrible oses-tu m'accabler ?
Hélas ! plus que le tien mon cœur se sent troubler.
Cher Amant, prens pitié de Palmire éperduë.

SEIDE.

Palmire ! quel objet vient effraïer ma vûë ?

Zopire paraît appuïé sur l'Autel, après s'être relevé derriére cet Autel où il a reçu le coup.

PALMIRE.

C'est cet infortuné lutant contre la mort,
Qui vers nous tout sanglant se traîne avec effort.

SEIDE.

Eh quoi ! tu vas à lui ?

PALMIRE.

    De remords dévorée,
Je céde à la pitié dont je suis déchirée.
Je n'y puis résister, elle entraîne mes sens.

ZOPIRE *avançant, & soutenu par elle.*

Hélas ! servez de guide à mes pas languissans.

Il s'assied.

Sëide, ingrat ! c'est toi qui m'arraches la vie !
Tu pleures ! ta pitié succéde à ta furie !

LE FANATISME.

SCENE V.
ZOPIRE, SEIDE, PALMIRE, PHANOR.

PHANOR.

Iel ! quels affreux objets se présentent à moi !

ZOPIRE.

Si je voïois Hercide !... ah, Phanor, est-ce toi ?
Voilà mon assassin.

PHANOR.

O crime ! affreux mystére !
Assassin malheureux, connaissez votre pere.

SEIDE.

Qui ?

PALMIRE.

Lui ?

SEIDE.

Mon pere !

ZOPIRE.

O Ciel !

PHANOR.

TRAGEDIE.

PHANOR.

Hercide est expirant,
Il me voit, il m'appelle, il s'écrie en mourant :
S'il en est encor tems, préviens un parricide :
Cours arracher ce fer à la main de Séïde.
Malheureux confident d'un horrible secret,
Je suis puni, je meurs des mains de Mahomet.
Cours, hâtes-toi d'apprendre au malheureux Zo-
    pire,
Que Séïde est son fils & frère de Palmire.

SEIDE.

Vous !

PALMIRE.

Mon frère ?

ZOPIRE.

O mes fils ! ô nature ! ô mes Dieux !
Vous ne me trompiez pas quand vous parliez pour
    eux.
Vous m'éclairez sans doute. Ah ! malheureux Séïde,
Qui t'a pu commander cet affreux homicide ?

SEIDE *se jettant à genoux.*

L'amour de mon devoir & de ma Nation,
Et ma reconnaissance & ma Religion ;
Tout ce que les humains ont de plus respectable
M'inspira des forfaits le plus abominable.

E 4   *Rendez,*

Rendez, rendez ce fer à ma barbare main.

    PALMIRE *à genoux arrêtant le bras de Séide.*

Ah ! mon pere, ah ! Seigneur, plongez-le dans mon sein.

J'ai seule à ce grand crime encouragé Séide;
L'inceste étoit pour nous le prix du parricide.

       S E I D E.

Le Ciel n'a point pour nous d'assez grands châtimens.
Frappez vos assassins.

    Z O P I R E *en les embrassant.*

        J'embrasse mes enfans.
Le Ciel voulut mêler dans les maux qu'il m'envoïe
Le comble des horreurs au comble de la joïe.
Je benis mon destin, je meurs ; mais vous vivez.
O vous, qu'en expirant mon cœur a retrouvés,
Séide, & vous Palmire, au nom de la nature,
Par ce reste de sang qui sort de ma blessure,
Par ce sang paternel, par vous, par mon trépas,
Vengez-vous, vengez-moi; mais ne vous perdez pas.
L'heure approche, mon fils, où la trêve rompuë
Laissoit à mes desseins une libre étenduë ;
Les Dieux de tant de maux ont pris quelque pitié,
Le crime de tes mains n'est commis qu'à moitié.
Le Peuple avec le jour en ces lieux va paraître ;
Mon sang va les conduire; ils vont punir un traître.
Attendons ces momens.

                      SEIDE.

SEIDE.

                      Ah ! je cours de ce pas
Vous immoler ce monstre & hâter mon trépas ;
Me punir, vous venger.

SCENE

SCENE VI.

ZOPIRE, SEIDE, PALMIRE, OMAR, *suite*.

OMAR.

U'on arrête Séïde.
Secourez tous Zopire, enchaînez l'homi-
cide.
Mahomet n'est venu que pour venger les Loix.

ZOPIRE.

Ciel, quel comble du crime ! & qu'est-ce que je
vois ?

SEIDE.

Mahomet me punir ?

PALMIRE.

Eh quoi ! Tyran farouche,
Après ce meurtre horrible ordonné par ta bouche.

OMAR.

On n'a rien ordonné.

SEIDE.

Va, j'ai bien mérité
Cet exécrable prix de ma crédulité.

OMAR.

TRAGEDIE.

OMAR.

Soldats, obéïssez.

PALMIRE.

Non. Arrêtez. Perfide.

OMAR.

Madame, obéïssez, si vous aimez Séide.
Mahomet vous protége, & son juste couroux
Prêt à tout foudroïer peut s'arrêter par vous.
Auprès de votre Roi, Madame, il faut me suivre.

PALMIRE.

Grand Dieu, de tant d'horreurs que la mort me délivre !

(On emmene Palmire & Séide.)

ZOPIRE à Phanor.

On les enléve ? O Ciel ! ô pere malheureux !
Le coup qui m'assassine est cent fois moins affreux.

PHANOR.

Déja le jour renaît, tout le peuple s'avance ;
On s'arme, on vient à vous, on prend votre défense.

ZOPIRE.

Soutiens mes pas, allons ; j'espére encor punir
L'hypocrite assassin qui m'ose secourir ;
Ou du moins en mourant sauver de sa furie
Ces deux enfans que j'aime & qui m'ôtent la vie.

Fin du quatriéme Acte.

ACTE V.

SCENE I.

MAHOMET, OMAR, *suite dans le fond.*

OMAR.

Opire est expirant, & ce Peuple éperdu
Le voit déja son front dans la poudre abatu.
Tes Prophêtes & moi, que ton esprit inspire,
Nous désavouons tous le meurtre de Zopire.
Ici nous l'annonçons à ce Peuple en fureur
Comme un coup du Très-Haut qui s'arme en ta faveur.
Là nous en gémissons, nous promettons vengeance,
Nous vantons ta justice ainsi que ta clémence.
Par tout on nous écoute, on fléchit à ton nom;
Et ce reste importun de la sédition
N'est qu'un bruit passager de flots après l'orage,
Dont le couroux mourant frappe encor le rivage,

Quand

TRAGEDIE.

Quand la sérénité régne aux Plaines du Ciel.

MAHOMET.

Imposons à ces flots un silence éternel.
As-tu fait des ramparts approcher mon armée ?

OMAR.

Elle a marché la nuit vers la Ville allarmée :
Osman la conduisoit par de secrets chemins.

MAHOMET.

Faut-il toujours combattre, ou tromper les hu-
  mains !
Séïde ne sait point qu'aveugle en sa furie,
Il vient d'ouvrir le flanc dont il reçut la vie.

OMAR.

Qui pourroit l'en instruire ? un éternel oubli
Tient avec ce secret Hercide enseveli.
Séïde va le suivre, & son trépas commence ;
J'ai détruit l'instrument qu'employa ta vengeance.
Tu sais que dans son sang ses mains ont fait couler
Le poison qu'en sa coupe on avoit su mêler.
Le châtiment sur lui tomboit avant le crime ;
Et tandis qu'à l'Autel il traînoit sa victime,
Tandis qu'au sein d'un pere il enfonçoit son bras ;
Dans ses veines lui-même il portoit son trépas.
Il est dans la prison, & bien-tôt il expire ;
Cependant en ces lieux j'ai fait garder Palmire.
Palmire à tes desseins va même encor servir ;

Croïant

Croïant fauver Séide, elle va t'obéïr.
Je lui fais efpérer la grace de Séide ;
Le filence est encor fur fa bouche timide.
Son cœur toujours docile & fait pour t'adorer,
En fecret feulement n'ofera murmurer.
Légiflateur, Prophête, & Roi dans ta Patrie,
Palmire achevera le bonheur de ta vie.
Tremblante, inanimée, on l'améne à tes yeux.

MAHOMET.

Va raffembler mes Chefs, & revole en ces lieux.

TRAGEDIE.

SCENE II.

MAHOMET, PALMIRE; *suite de Palmire & de Mahomet.*

PALMIRE.

IEL, où suis-je? Ah, grand Dieu!
MAHOMET.
Soïez moins consternée,
J'ai du Peuple & de vous pesé la destinée.
Le grand événement qui vous remplit d'effroi,
Palmire, est un mystére entre le Ciel & moi.
De vos indignes fers à jamais dégagée,
Vous êtes en ces lieux, libre, heureuse & vengée.
Ne pleurez point, Séide; & laissez à mes mains
Le soin de balancer le destin des humains.
Ne songez plus qu'au vôtre. Et si vous m'êtes chére,
Si Mahomet sur vous jetta des yeux de pere,
Sachez qu'un sort plus noble, un titre encor plus
    grand,
Si vous le méritez, peut-être vous attend.
Portez vos vœux hardis au faîte de la gloire,
De Séide & du reste étouffez la mémoire;

Vos

Vos premiers sentimens doivent tous s'effacer
A l'aspect des grandeurs où vous n'osiez penser.
Il faut que votre cœur à mes bontés réponde
Et suive en tout mes loix lorsque j'en donne au monde.

PALMIRE.

Qu'entens-je? quelles loix, ô Ciel, & quels bienfaits!
Imposteur teint de sang que j'abjure à jamais,
Bourreau de tous les miens, va ; ce dernier outrage
Manquoit à ma misére & manquoit à ta rage.
Le voilà donc, grand Dieu, ce Prophête sacré,
Ce Roi que je servis, ce Dieu que j'adorai?
Monstre, dont les fureurs & les complots perfides
De deux cœurs innocens ont fait deux parricides,
De ma faible jeunesse infâme séducteur,
Tout souillé de mon sang tu prétends à mon cœur!
Mais tu n'as pas encor assuré ta conquête ;
Le voile est déchiré, la vengeance s'apprête.
Entends-tu ces clameurs ? entends-tu ces éclats
Mon Pere te poursuit des ombres du trépas.
Le Peuple se souleve, on s'arme en ma défense,
Leurs bras vont à ta rage arracher l'innocence.
Puissai-je de mes mains te déchirer le flanc,
Voir mourir tous les tiens, & nâger dans leur sang!
Puissent la Mèque ensemble, & Médine & l'Asie
Punir tant de fureurs & tant d'hypocrisie!
Que le monde par toi séduit & ravagé

Ro

TRAGEDIE.

Rougisse de ses fers, les brise & soit vengé!
Que ta Religion, que fonda l'imposture,
Soit l'éternel mépris de la race future!
Que l'Enfer, dont les cris menaçoient tant de fois
Quiconque osoit douter de tes indignes loix,
Que l'Enfer, que ces lieux de douleur & de rage
Pour toi seul préparés soient ton juste partage!
Voilà les sentimens qu'on doit à tes bienfaits,
L'hommage, les sermens & les vœux que je fais.

MAHOMET.

Je vois qu'on m'a trahi; mais quoiqu'il en puisse
  être,
Et qui que vous soïez, fléchissez sous un maître.
Apprenez que mon cœur....

SCENE III.

MAHOMET, PALMIRE, OMAR,
ALI; suite.

OMAR.

ON sait tout, Mahomet;
Hercide en expirant révéla ton secret.
Le Peuple en est instruit, la prison est forcée,
Tout s'arme, tout s'émeut, une foule insensée,
Elevant contre toi ses hurlemens affreux,
Porte le corps sanglant de son Chef malheureux,
Séïde est à leur tête, & d'une voix funeste
Les excite à venger ce déplorable reste.
Ce corps souillé de sang est l'horrible signal
Qui fait courir le Peuple à ce combat fatal.
Il s'écrie en pleurant, je suis un parricide;
La douleur le ranime, & la rage le guide.
Il semble respirer pour se venger de toi;
On déteste ton Dieu, tes Prophêtes, ta loi.
Ceux-même qui dévroient dans la Mèque allarmée
Faire ouvrir cette nuit la porte à ton armée,
De la fureur commune avec zèle enyvrés,
Viennent lever sur toi leurs bras désespérés.

On

TRAGEDIE.

On n'entend que les cris de mort & de vengeance.

PALMIRE.

Acheve, juste Ciel, & soutien l'innocence!
Frappe.

MAHOMET à Omar.

Eh bien, que crains-tu?

OMAR.

Tu vois quelques amis,
Qui contre les dangers comme moi rafermis,
Mais vainement armés contre un pareil orage,
Viennent tous à tes piés mourir avec courage.

MAHOMET.

Seul je les défendrai. Rangez-vous près de moi,
Et connaissez enfin qui vous avez pour Roi.

SCENE

SCENE IV.

MAHOMET, OMAR: *sa suite d'une côté,* SEIDE, *& le Peuple de l'autre;* PALMIRE *au milieu.*

SEIDE *un poignard à la main; mais déja affaibli par le poison.*

EUPLES, vengez mon Pere, & courez à ce Traître.

MAHOMET.

Peuples, nés pour me suivre, écoutez votre Maître.

SEIDE.

N'écoutez point ce Monstre, & suivez-moi....
    grands Dieux!
Quel nuage épaissi se répand sur mes yeux!

Il avance, il chancelle.

Frappons.... Ciel! je me meurs.

MAHOMET.

                 Je triomphe.

PALMIRE *courant à lui.*

                 Ah! mon frére,
N'auras-tu pu verser que le sang de ton Pere?

SEIDE.

SEIDE.

Avançons. Je ne puis.... Quel Dieu vient m'accabler ?

Il tombe entre les bras des siens.

MAHOMET.

Ainsi tout téméraire à mes yeux doit trembler.
Incrédules esprits, qu'un zèle aveugle inspire,
Qui m'osez blasphêmer, & qui vengez Zopire,
Ce seul bras que la terre apprit à redouter,
Ce bras peut vous punir d'avoir osé douter.
Dieu qui m'a confié sa parole & sa foudre,
Si je me veux venger, va vous réduire en poudre.
Malheureux, connaissez son Prophête & sa Loi,
Et que ce Dieu soit Juge entre Séïde & moi.
De nous deux à l'instant que le coupable expire !

PALMIRE.

Mon frére ! eh, quoi ! sur eux ce Monstre a tant d'empire !
Ils demeurent glacés, ils tremblent à sa voix ;
Mahomet, comme un Dieu, leur dicte encor ses Loix.
Et toi, Séïde, aussi !

SEIDE *entre les bras des siens.*

Le Ciel punit ton frére.
Mon crime étoit horrible autant qu'involontaire.
En vain la vertu même habitoit dans mon cœur.
Toi, tremble, scélérat, si Dieu punit l'erreur.

Voi

LE FANATISME.

Voi quel foudre il prépare aux artisans des crimes;
Tremble, son bras s'essaïe à frapper ses victimes.
Détournez d'elle, ô Dieu, cette mort qui me suit!

PALMIRE.

Non, Peuple, ce n'est point un Dieu qui le poursuit.
Non. Le poison sans doute.

MAHOMET *en l'interrompant, & s'adressant au Peuple.*

Apprenez, Infidelles,
A former contre moi des trames criminelles;
Aux vengeances des Cieux reconnaissez mes droits.
La nature & la mort ont entendu ma voix.
La mort qui m'obéït, qui prenant ma défense,
Sur ce front pâlissant a tracé ma vengeance,
La mort est à vos yeux prête à fondre sur vous.
Ainsi mes ennemis sentiront mon couroux;
Ainsi je punirai les erreurs insensées,
Les révoltes du cœur, & les moindres pensées.
Si ce jour luit pour vous, ingrats, si vous vivez,
Rendez grace au Pontife à qui vous le devez.
Fuïez, courez au Temple appaiser ma colére.

Le Peuple se retire.

PALMIRE *revenant à elle.*

Arrêtez. Le barbare empoisonna mon frére.
Monstre, ainsi son trépas t'aura justifié;

A for-

A force de forfaits tu t'es déïfié!
Malheureux assassin de ma famille entiére,
Otés-moi de tes mains ce reste de lumiére.
O frére! ô triste objet d'un amour plein d'horreurs!
Que je te suive au moins.

Elle se jette sur le poignard de son frére.

MAHOMET.

Qu'on l'arrête.

PALMIRE.

Je meurs.
Je cesse de te voir, Imposteur exécrable.
Je me flatte en mourant qu'un Dieu plus équitable
Réserve un avenir pour les cœurs innocens.
Tu dois régner; le monde est fait pour les Tyrans.

MAHOMET.

Elle m'est enlevée.... Ah! trop chére Victime,
Je me vois arracher le seul prix de mon crime.
De ses jours pleins d'appas détestable ennemi,
Vainqueur & tout-puissant, c'est moi qui suis puni.
Il est donc des remords! ô fureur! ô Justice!
Mes forfaits dans mon cœur ont donc mis mon supplice!
Dieu que j'ai fait servir au malheur des humains,
Adorable instrument de mes affreux desseins,
Toi que j'ai blasphèmé, mais que je crains encore,
Je me sens condanné quand l'Univers m'adore.

Je

Je brave en vain les traits dont je me sens frapper;
J'ai trompé les mortels, & ne puis me tromper.
Pere, enfans malheureux, immolés à ma rage,
Vengez la terre & vous, & ce Ciel que j'outrage.
Arrachez-moi ce jour & ce perfide cœur,
Ce cœur né pour haïr, qui brûle avec fureur.
Et toi, de tant de honte étouffe la mémoire ;
Cache au moins ma faiblesse & sauve encor ma gloire :
Je dois régir en Dieu l'Univers prévenu.
Mon Empire est détruit si l'homme est reconnu.

Fin du cinquiéme & dernier Acte.

DE L'ALCORAN, ET DE MAHOMET.

C'ETOIT un sublime & hardi Charlatan que ce Mahomet, fils d'Abdalla. Il dit dans son dixiéme Chapitre: *quel autre que Dieu peut avoir composé l'Alcoran?* on crie, c'est Mahomet, qui a forgé ce Livre. *Eh bien tâchez d'écrire un Chapitre qui lui ressemble, & appellez à votre aide qui vous voudrez.* Au dix-septiéme, il s'écrie: *Louange à celui qui a transporté pendant la nuit son serviteur du sacré Temple de la Méque à celui de Jérusalem.* C'est un assez beau voïage; mais il n'approche pas de celui qu'il fit cette nuit même de planete en planete, & des belles choses qu'il y vit.

Il prétendoit qu'il y avoit cinq cens années de chemin d'une planete à une autre,

F &

& qu'il fendit la Lune en deux. Ses difciples, qui raſſemblérent ſolemnellement les Verſets de ſon Koran après ſa mort, retranchérent ce voïage du Ciel. Ils craignirent les railleurs & les Philoſophes. C'étoit avoir trop de délicateſſe. Ils pouvoient s'en fier aux Commentateurs, qui auroient bien ſû expliquer l'itinéraire. Les amis de Mahomet devoient ſavoir par expérience que le merveilleux eſt la raiſon du Peuple. Les Sages contrediſent en ſecret, & le Peuple les fait taire. Mais en retranchant l'itinéraire des planetes, on laiſſa quelques petits mots ſur l'avanture de la Lune; on ne peut pas prendre garde à tout.

Le Koran eſt une rapſodie ſans liaiſon, ſans ordre, ſans art. On dit pourtant que ce livre ennuïeux eſt un fort beau livre; je m'en rapporte aux Arabes, qui prétendent qu'il eſt écrit avec une élégance & une pureté dont perſonne n'a approché depuis.

C'eſt un Poëme ou une eſpéce de proſe rimée, qui contient ſix mille vers. Il n'y a point de Poëte dont la perſonne & l'ouvrage aïent fait une telle fortune. On agita chez les Muſulmans, ſi l'Alcoran étoit éternel, ou ſi Dieu l'avoit créé pour le dicter à Mahomet. Les Docteurs décidérent qu'il étoit éternel; ils avoient raiſon, cette éternité eſt bien plus belle que l'autre opinion. Il faut
tou-

toujours avec le Vulgaire prendre le parti le plus incroïable.

Les Moines qui se sont déchaînés contre Mahomet & qui ont dit tant de sottises sur son compte, ont prétendu qu'il ne savoit pas écrire. Mais comment imaginer qu'un homme qui avoit été Négociant, Poëte, Législateur & Souverain, ne sût pas signer son nom ! Si son Livre est mauvais pour notre tems & pour nous, il étoit fort bon pour ses Contemporains, & sa Religion encor meilleure. Il faut avouer qu'il retira presque toute l'Asie de l'idolatrie. Il enseigna l'unité de Dieu, il déclamoit avec force contre ceux qui lui donnent des associés. Chez lui l'usure avec les étrangers est défenduë, l'aumône ordonnée. La priére est d'une nécessité absolue ; la résignation aux decrets éternels est le grand mobile de tout. Il étoit bien difficile qu'une Religion si simple & si sage, enseignée par un homme toujours victorieux, ne subjuguât pas une partie de la terre. En effet, les Musulmans ont fait autant de Prosélites par la parole que par l'épée. Ils ont converti à leur Religion les Indiens, & jusqu'aux Négres. Les Turcs, même leurs vainqueurs, se sont soumis à l'Islamisme.

Mahomet laissa dans sa loi beaucoup de choses qu'il trouva établies chez les Arabes, la circoncision, le jeûne, le voïage de la Mè-

F 2 que,

que, qui étoit en ufage quatre mille ans avant lui; les ablutions fi néceffaires à la fanté & à la propreté dans un païs brûlant où le linge étoit inconnu; enfin l'idée d'un Jugement dernier, que les Mages avoient toujours établie, & qui étoit parvenue jufqu'aux Arabes. Il eft dit, que comme il annonçoit qu'on reffufciteroit tout nu, Aïshea fa femme trouva la chofe immodefte & dangereufe; *allez ma Bonne*, lui dit-il, *on n'aura pas alors envie de rire*. Un Ange, felon le Koran, doit pefer les hommes & les femmes dans une grande balance. Cette idée eft encor prife des Mages. Il leur a volé auffi leur pont aigu, fur lequel il faut paffer après la mort, & leur Jannat, où les élus Mufulmans trouveront des bains, des appartemens bien meublés, de bons lits, & des ouris, avec des grands yeux noirs. Il eft vrai auffi qu'il dit, que tous ces plaifirs des fens, fi néceffaires à tous ceux qui reffufciteront avec des fens, n'approcheront pas du plaifir de la contemplation de l'Etre fuprême. Il a l'humilité d'avouer dans fon Koran que lui-même n'ira point en Paradis par fon propre mérite, mais par la pure volonté de Dieu. C'eft auffi par cette pure volonté divine qu'il ordonne que la cinquiéme partie des dépouilles fera toujours pour le Prophête.

Il n'eft pas vrai qu'il exclue du Paradis les fem-

femmes. Il n'y a pas d'apparence qu'un homme aussi habile ait voulu se brouiller avec cette moitié du genre-humain qui conduit l'autre. Abulfeda rapporte, qu'une vieille l'importunant un jour en lui demandant ce qu'il falloit faire pour aller en Paradis ; ma mie, lui dit-il, le Paradis n'est pas pour les vieilles. La bonne femme se mit à pleurer, & le Prophête pour la consoler, lui dit : il n'y aura point de vieilles, parce qu'elles rajeuniront. Cette doctrine consolante est confirmée dans le 54. Chapitre du Koran.

Il défendit le vin, parce qu'un jour quelques-uns de ses Sectateurs arrivérent à la priére étant yvres. Il permit la pluralité des femmes, se conformant en ce point à l'usage immémorial des Orientaux.

En un mot, ses loix civiles sont bonnes. Son dogme est admirable en ce qu'il a de conforme avec le nôtre ; mais les moïens sont affreux, c'est la fourberie & le meurtre.

On l'excuse sur la fourberie, parce que, dit-on, les Arabes comptoient avant lui cent vingt-quatre mille Prophêtes, & qu'il n'y avoit pas grand mal qu'il en parut un de plus. Les hommes, ajoute-t-on, ont besoin d'être trompés. Mais comment justifier un homme qui vous dit : *crois que j'ai parlé à l'Ange Gabriel, ou je te tue.*

Combien est préférable un Confucius, le pre-

premier des mortels qui n'ont point eu de révélation ! Il n'emploie que la raison, & non le mensonge & l'épée. Vice-Roi d'une grande Province, il y fait fleurir la Morale & les Loix. Disgracié & pauvre, il les enseigne, il les pratique dans la grandeur & dans l'abaissement, il rend la vertu aimable, il a pour disciple le plus ancien & le plus sage des Peuples.

Le Comte de Boulainvilliers, qui avoit du goût pour Mahomet, a beau me vanter les Arabes, il ne peut empêcher que ce ne fut un Peuple de brigands; ils voloient avant Mahomet en adorant les étoiles, ils voloient sous Mahomet au nom de Dieu. Ils avoient, dit-on, la simplicité des tems héroïques : mais qu'est-ce que les siécles héroïques ? C'étoit le tems où on s'égorgeoit pour un puits & pour une citerne, comme on fait aujourd'hui pour une Province.

Les premiers Musulmans furent animés par Mahomet de la rage de l'enthousiasme. Rien n'est plus terrible qu'un peuple, qui n'aïant rien à perdre, combat à la fois par esprit de rapine & de religion.

Il est vrai qu'il n'y avoit pas beaucoup de finesse dans leurs procédés. Le contrat du premier Mariage de Mahomet porte, qu'attendu que Cadishca est amoureuse de lui, & lui pareillement amoureux d'elle, on a trouvé bon de les conjoindre. Mais y a-t-il tant de
sim-

simplicité à lui avoir composé une généalogie dans laquelle on le fait descendre d'Adam en droite ligne, comme on a fait descendre depuis quelques Maisons d'Espagne & d'Ecosse. L'Arabie avoit son Moréri & son Mercure galant.

Le grand Prophête essuïa la disgrace commune à tant de maris; il n'y a personne après cela qui puisse se plaindre. On connait le nom de celui qui eut les faveurs de sa seconde femme la belle Aïshea; il s'appelloit Assuan. Mahomet se comporta avec plus de hauteur que César qui répudia sa femme, disant qu'il ne falloit pas que la femme de César fut soupçonnée. Le Prophête ne voulut pas même soupçonner la sienne, il fit descendre du Ciel un Chapitre du Koran pour affirmer que sa femme étoit fidelle. Ce Chapitre étoit écrit de toute éternité aussi-bien que tous les autres.

On l'admire, pour s'être fait de Marchand de chameaux, Pontife, Législateur & Monarque, pour avoir soumis l'Arabie, qui ne l'avoit jamais été avant, pour avoir donné les premiéres secousses à l'Empire Romain d'Orient & à celui des Perses. Je l'admire encor pour avoir entretenu la paix dans sa maison parmi des femmes. Il a changé la face d'une partie de l'Europe, de la moitié de l'Asie, de presque toute l'Afrique, & il s'en est bien peu fallu que sa Religion n'ait subjugé l'Univers.

A quoi tiennent les révolutions? un coup
de

de pierre un peu plus fort que celui qu'il reçut dans son premier combat donnoit une autre destinée au monde.

Son gendre *Ali* prétendit que quand il fallut inhumer le Prophête, on le trouva dans un état qui n'est pas trop ordinaire aux morts, & que sa Veuve *Aïshea* s'écria : si j'avois sû que Dieu eût fait cette grace au défunt, j'y serois accourue à l'instant. On pouvoit dire de lui : *decet Imperatorem stantem mori.*

Jamais la vie d'un homme ne fut écrite dans un plus grand détail que la sienne. Les moindres particularités en étoient sacrées ; on sait le compte & le nom de tout ce qui lui appartenoit, neuf épées, trois lances, trois arcs, sept cuirasses, trois boucliers, douze femmes, un coq blanc, sept chevaux, deux mules, quatre chameaux, sans compter la jument *Borac* sur laquelle il monta au Ciel. Mais il ne l'avoit que par emprunt, elle appartenoit en propre à l'Ange Gabriel.

Toutes ses paroles ont été recueillies. Il disoit, que *la jouissance des femmes le rendoit plus fervent à la prière.*

En effet, pourquoi ne pas dire *benedicite & graces* au lit comme à table ? Une belle femme vaut bien un soupé. On prétend encor qu'il étoit un grand Médecin ; ainsi il ne lui manqua rien pour tromper les hommes.

F I N.

www.ingramcontent.com/pod-product-compliance
Lightning Source LLC
Chambersburg PA
CBHW060559170426
43201CB00009B/831